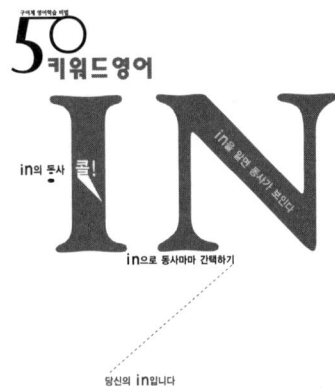

초판 발행일	2008년 1월 15일
지은이	이상도
펴낸이	이강민
펴낸곳	2진법영어사
신 고	2003년 6월 16일 제16-3050호
주 소	서울특별시 강남구 역삼동 831 혜천빌딩 708호
전 화	02-568-5568(내선 108, 400)
팩 스	02-568-7776, 0098
이메일	johnsdl@hanmail.net

Copyright 2진법영어사 2008, Printed in Korea

값 8,000원   ISBN 978-89-92835-02-2 03740
무단 복제 · 전재 · 발췌를 절대 금합니다.

홈페이지   www.englishcode.com

책 머리에

여러분은 CNN방송을 듣고 Newsweek를 읽으며 영어 영화, 만화, 팝송을 즐기고 외국인과 대화를 하거나 e-mail을 주고받을 수 있는가? 만약 그 대답이 No라면 2진법영어학습법을 시도해 보라.

종래 영어교육은 문법에 치중하므로 실용적인 교육이 되지 않으니 무작정 듣기를 많이 하여 영어회화에 능숙해지자는 주장이 일고 있다. 그러나 그렇게 듣기만 해서 될 일이 아니다. 우리는 원어민이나 영어강사처럼 영어에만 시간을 쏟을 수 없기 때문이다. 우리에게 주어진 시간으로 영어를 정복하려면 확실한 요령이 필요하다. 그 요령이 2진법영어(BDE; Binary Digital English)이다.

BDE의 내용은 간단하다. 문형요소를 P(술언)와 N(체언)의 두가지 요소로 단순화한다. 주어, 목적어, 부사어는 N에, 동사, 보어는 P에 포함한다. 소사는 일부 부사가 되는 예를 제외하고 모두 P가 되고, 전치사구는 대부분 P가 되고 나머지는 N이 된다. BDE는 가장 완벽한 학습방법으로서 문장을 쉽고 재미있고 정확하게 분석함은 물론 통째로 암기할 수 장점을 가지고 있다. BDE는 종래의 영어학습법의 단점을 말끔히 해소하고 최소 시간으로 영어 듣기, 읽기, 말하기, 쓰기 능력을 최대한으로 향상시킨다.

이 책은 50개 키워드의 하나인 IN에 관한 예문을 망라한 것이다. 즉 IN이 그 자체로 문장의 요소가 되는 경우와 명사 등과 결합하여 전치사구를 이루어 문장의 요소가 되는 경우를 다룬다.(IN이 다른 키워드와 결합한 복합전치사구에 대하여는 앞으로 발간될 50키워드 영어 3권에서 다루게 된다.)

　BDE에 따라 배열된 IN에 관한 예문들을 부담 없이 읽어 가는 과정에서 간단한 BDE공식이 머리 속에 저절로 자리잡게 된다. BDE는 저자가 현대 첨단 과학의 디지털원리를 응용하여 세계 최초로 발견하고 개발한 것이다. BDE는 영어원어민이 어릴 때부터 모국어를 자연스럽게 체득하는 과정을 보고 착안한 것이다. 이 책은 IN에 관한 숙어는 물론 전반적인 영어실력을 급속도로 level-up 시켜 준다. 이 책을 통해 독자 여러분이 영어의 재미에 흠뻑 빠지기를 기대한다.

2008년 1월 1일　이 상 도

contents

- 책 머리에   3
- 약어와 기호   6
- IN의 모든 것   8

Part 1   **in**

사람 · 조직 (18)　신체 · 정신 (44)　물건 (46)   17
관념 · 활동 (60)　장소 · 위치 (67)　시간 (68)
기타용법 (71)

Part 2   **in~**

~사람 · 조직 (74)　~ 신체 · 정신 (81)   73
~사람 짝수형 (101)　~유체물 (108)
~형상 · 무체물 (126)　~물건 짝수형 (131)
~관념 · 활동 (134)　~관념 · 활동 짝수형 (184)
~장소 · 위치 (192)　~장소 · 위치 짝수형 (227)
~시간 (230)　~시간 짝수형 (234)
~명사외의 것 (238)　~기타용법 (245)

- 예문출처   253

약어표

N	체언(Nominal) ⇨	subject, object, adverbial
P	술언(Predicate) ⇨	verb, (be) + non-verb predicative
v	동사(verb)	
n	명사(noun) / 대명사(pronoun)	
a	형용사(adjective)	
p	소사(particle)	
pr~	전치사구(preposition phrase)	

문형 및 그 구성부분을 나타내는 기호

NP	Code 1	❶
NPN′	Code 2	❷
NPP′	Code 3	❸
NPN′N″	Code 4	❹
NPN′P′	Code 5	❺
NPP′N′	Code 6	❻
NPP′P″	Code 7	❼

∥   N(Nominal; 체언) 앞에 표시한다. 단, 주어 N은 표시를 생략.
| P(Predicate; 술언) 앞에 표시한다. 단, 의미상 N과 P의 위치가 통상적인 어순과 다른 경우에는 「 또는 」으로 표시한다.
굵은체   구문상 중요한 단어는 굵은체로 나타낸다.
굵은체+밑선   preposition(전치사)/particle(소사)은 굵은체와 밑선으로 2중표시한다.

ⓔ
So ⌞is⌟ every Tom, Dick, and Harry.　　P⌞N　❶⌟
I | took ∥ the child ∥ **to the park**.　　NPN′N″　❹
It | will bring 「**about** ∥ a good result.　　NP「P′N′　❺ P′=목적격술어
She | is reading ∥ a book 「**in the room**.　　NPN′「P′　❻ P′=주격술어

V	문장 앞에 도치된 요소가 본래 있어야 할 자리를 나타낸다.
	ⓔ **What** do you ∣ know ‖ V ‖ <u>about</u> him? V ⇨ What
∩	문장 중에서 공유되는 요소를 가리킨다.
	ⓔ He had **everything** 〈 his heart ∣ desired ‖ ∩ 〉.
	∩ = everything
[ ]	절(Clause)을 표시한다. 정형절과 비정형절을 포함한다.
[[ ]]	절이 절을 안은 경우를 표시한다
〈 〉	modifier(수식어)를 표시한다
•	part(부속어)를 표시한다.
	ⓔ **look** • <u>about</u>, two feet • **long**
(‖)	수동문의 주어가 전치사의 목적어가 되는 경우 전치사 앞에 표시한다.
	ⓔ I ∣ am waited (‖) **on.**
{ }	연결어를 표시한다.
	ⓔ {and}, {but}

예문 분류 표시

예문 숫자가 적은 경우

◇ 사람 (= 사람 + 집단·조직 + 신체 + 정신)
◇ 사물 (= 물건 + 관념·활동 + 시간 + 장소·위치)

예문 숫자가 중간인 경우

□ 사람 □ 물건 □ 관념·활동 □ 장소·위치

예문 숫자가 많은 경우

□ 사람 □ 집단·조직 □ 신체 □ 정신
□ 유체물 □ 무체물·기능 □ 형상·색채 □ 관념·활동
□ 장소·위치 □ 시간

※ 유체물이라도 자체가 이동의 대상이 아니라 위치의 기준이 되는 경우에는 장소·위치로 분류한다.
※ 유체물이라도 자체가 이동의 대상이 아니라 그 기능을 나타내는 경우는 무체물·기능으로 분류한다.
※ money의 경우 화폐 자체를 가리키면 유체물, 가치를 가리키면 기능·무체물 또는 관념·활동으로 분류한다.
※ 넓은 의미의 관념은 시간을 포함한다.

IN 의 모든 것
all about IN

prereference

● 키워드도 모르고 영어를 한다?

우리나라 영어교육은 철저히 독해 위주이다.

대부분의 한국 사람들이 문어체 영어는(Written English)는 그런 대로 좀 한다고 하지만 구어체 영어(Spoken English)는 아예 포기하고 만다. 이는 키워드에 대한 이해가 제대로 되어있지 않는 데에 그 이유가 있다.

이 말이 의심스러우면 먼저 다음 1항의 각 예문을 해석하고 다음으로 그러한 해석이 나오게 된 이유를 단계별로 말해 보라. 이 두 단계의 답변이 모두 가능한 독자는 굳이 이 책을 읽을 필요가 없다.

1. in이 문장의 술어(또는 보어)로 사용된 경우

(1) He is in.
(2) I'm never going to marry. I hate to be fenced in!
(3) At 9 p.m. prisoners are locked in for the night.
(4) He was shut in.
(5) My wife and I were snowed in, so we stayed home from work.
(6) He didn't like the way his boss was fencing him in.
(7) They hemmed her in.
(8) I'm going to keep you in.
(9) Why are you locking me in?

⑩ The police pulled the burglar in.
⑪ I'd run you in.
⑫ The kidnapper shut me in for 24 hours.
⑬ The police have already taken the suspect in.
⑭ Turn him in.

위 예문에 대한 해석은 이 책 본문 21～22쪽에 나온다.
위 각 예문에 나타난 in의 기본의미는 '들다(入)'이며 구체적으로는 '갇히다' 이다. 그러므로 위 예문에 나타난 동사 중 모르는 것이 있더라도 각 문장의 의미를 대략 알 수 있고 역으로 in을 통해 모르는 동사의 의미도 추측할 수 있다.
같은 요령으로 다음 2항의 예문을 해석하고 그러한 해석이 나오게 된 이유를 단계별로 말해 보라.

2. in～이 문장의 술어 (또는 보어)로 사용된 경우

(1) He's still in the room.
(2) We were bowed in a room.
(3) You can't get in that room, it's off limits.
(4) He was locked in a room.
(5) I have slipped in the room.
(6) I called the girl in the room.
(7) Can I have one more night in my room?
(8) I have invited her in my room.
(9) I have kicked the door in the room.
⑩ I let her in the room.
⑪ He's reading a book in the room.
⑫ I have shown him in my room.

⒀   He stayed shut in his room.

위 예문에 대한 해석은 이 책 본문 206~208쪽에 나온다.
위 각 예문에 나타난 in~의 기본의미는 '~에 들다'이며 구체적으로는 '(어떤 방법으로) 방에 들다' 또는 '방안에 있다'이다. 그러므로 위 예문에 모르는 동사가 있더라도 이는 '들다'라는 의미와 관련이 있는 것이므로 문장 전체의 의미를 대략 알 수 있고 역으로 모르는 동사의 의미도 추측할 수 있다.

키워드가 동사를 선택한다

지금까지 영어를 지배해 온 영문법이론은 중대한 오류를 범하고 있다.

우리나라 사람들이 영어를 잘하지 못하는 가장 큰 이유는 잘못된 이론으로 교육을 받았기 때문이다. 잘못된 이론으로 배우는 학생들이 영어를 제대로 마스터한다는 것은 나무 위에서 물고기를 찾는 것과 같다.

종래 문법이론의 큰 오류 중 하나는 이어동사 개념이다.

종래의 학습방법은 키워드(부사+전치사)와 동사의 결합을 이어동사라고 정의하고 이를 무조건 외우라는 것이다. 즉 동사에 키워드를 결합시켜 이른바 '이어동사(구동사)'라는 새로운 동사를 창조했다. 그런데 동사의 숫자는 5천 개 이상이고 키워드는 50개 정도이므로 동사 5천 개와 키워드 50개 중 일부만 결합하더라도 수만 개의 이어동사가 나타나게 된다.

5천 개의 동사에 추가하여 수만 개의 이어동사까지 모두 암기한다는 것은 현실적으로 불가능하다. 그러나 이러한 개별 동사의 의미를 모르더라도 역으로 키워드의 의미를 통해 키워드와 결합한 동사의 의미를 알아내는 방법이 있는데 그것이 바로 2진법영어법칙이다. 수 만 개의 이어동사를 외울 필요 없이 50개의 키워드와 2진법영어법칙을 알면 5천 개의 동사의 의미를 파악할 수 있다. 말하자면 5천 개의 동사가 50개의 키워드를 선택하는 것이 아니라 50개의 키워드가 5천 개의 동사 중 일부를 선택하는 것이다.

키워드는 50개에 불과하다.

독자 여러분이 다음의 키워드 50개의 용법을 제대로 이해하고 숙달하면 오히려 구어체 영어가 문어체 영어보다 더 쉽게 익힐 수 있음을 체험할 것이다.

[1] about, [2] above, [3] across, [4] after, [5] against, [6] ahead, [7] along, [8] among, [9] apart, [10] (a)round, [11] as, [12] aside, [13] at, [14] away, [15] back, [16] backward(s), [17] before, [18] behind, [19] below, [20] beneath, [21] beside, [22] between, [23] beyond, [24] by,

[25] down, [26] for, [27] forth, [28] forward(s), [29] from, [30] in, [31] inside, [32] into, [33] (a)like, [34] of, [35] off, [36] on, [37] out, [38] outside, [39] over, [40] past, [41] through, [42] to, [43] together, [44] toward(s), [45] under, [46] up, [47] upon, [48] with, [49] within, [50] without

키워드의 용법

키워드의 용법은 다음의 세 가지이다.

가. 키워드 자체로만 사용되는 것들(7)
[6] ahead, [9] apart, [12] aside, [14] away, [16] backward(s), [27] forth, [43] together

나. 키워드구의 재료로만 사용되는 것들(11)
[5] against, [8] among, [11] as, [13] at, [21] beside, [26] for, [29] from, [32] into, [34] of, [47] upon, [48] with

다. 양자의 용법에 공통으로 사용되는 것들(31)
[1] about, [2] above, [3] across, [4] after, [7] along, [10] (a)round, [15] back, [17] before, [18] behind, [19] below, [20] beneath, [22] between, [23] beyond, [24] by, [25] down, [28] forward(s), [30] in, [31] inside, [33] like, [35] off, [36] on, [37] out, [38] outside, [39] over, [40] past, [41] through, [42] to, [44] toward(s), [45] under, [46] up, [49] within,

[50] without

    키워드 자체로만 사용되는 것들을 모으면 39개이고, 키워드구로 사용되는 것들을 모으면 43개이다. 그리고 이들 키워드끼리 결합하여 수많은 복합키워드구를 만든다.

on about, in at, in for, away from, ahead of, out of, back on, in on, back to, off to, on to, up to, down with, on with, up with...

키워드 및 키워드구의 배열공식

    다음에는 키워드의 배열공식을 간단히 설명한다.
    오늘날 없어서는 안될 문명의 이기 중 첫 번째로 꼽히는 것은 물론 컴퓨터이다. 그런데 컴퓨터가 사용하는 숫자는 0과 1 두 가지 뿐이다. 컴퓨터는 이 두 숫자를 갖고 문자를 표기하며 계산도 한다. 이를 2진법이라고 부른다. 2진법에서는 0과 1 두 숫자로만 나타내기 때문에 길게 나열하는데 불편하므로 이를 10진법으로 환산하여 사용하게 된다. 즉 1=(01), 2=(010), 3=(011), 4=(0100), 5=(0101), 6=(0110), 7=(0111)이 된다.
    2진법영어는 이러한 2진법개념을 영어문형에 적용한 원리이다.
    10진법과 2진법의 관계 및 2진법영어문형과 5형식문형의 관계를 보면 대략 다음과 같게 된다. P는 술언(Predicate) 즉 동사(V)와 보어(C)를 나타내고 N은 체언(Nominal) 즉 주어(S), 목적어(O), 부사어(A)를 나타낸다.

❶ N		(0)
❶ N ǀ P	S ǀ V, S ǀ beC	(01)
❷ N ǀ P ‖ N	S ǀ V ‖ O, S ǀ V ‖ A	(010)
❸ N ǀ P ǀ P	S ǀ V ǀ C	(011)
❹ N ǀ P ‖ N ‖ N	S ǀ V ‖ O ‖ O, S ǀ V ‖ O ‖ A	(0100)
❺ N ǀ P ‖ N ǀ P	S ǀ V ‖ O ǀ C	(0101)
❻ N ǀ P ǀ P ‖ N		(0110)
❼ N ǀ P ǀ P ǀ P		(0111)

 이 중에서 ❶형은 두 자리 문장, ❷, ❸형은 세 자리 문장, ❹, ❺, ❻, ❼형은 네 자리 문장이다. 이들 문장들이 종속적 또는 병렬적으로 결합하면 복문 또는 중문을 이루게 된다

 홀수형 구문은 예외가 거의 없는 아주 정연한 법칙에 따라 전개된다. 이에 비해 짝수형 구문은 홀수형을 제외한 나머지 문형으로 홀수형보다는 상대적으로 낮지만 나름대로 상당히 일관된 법칙에 따라 전개된다.

 위 배열공식을 알면 문장 간의 관계를 정확히 이해할 수 있고 문장에서 문법상 문제가 없는지 자동적으로 검증할 수 있다. 긴 문장도 잘게 쪼개어 구글에 넣어 보면 실제 사용되는 문장인지도 검증할 수 있다.

 끝으로 위에서 본 문형 외에 다섯 자리 문형(❽~⓯형)도 있으나 그 예는 매우 드물어 1% 미만에 불과하다. 이 책에서 참고로 다섯 자리 문형의 예문도 소개하고 있으나, 초보자께서는 혼란을 피하기 위해 네 자리 문장까지 숙달된 후에 활용하기를 바란다.

⑧ N | P ‖ N ‖ N ‖ N   (01000)

⑨ N | P ‖ N ‖ N | P   (01001)

⑩ N | P ‖ N | P ‖ N   (01010)

⑪ N | P ‖ N | P | P   (01011)

⑫ N | P | P ‖ N ‖ N   (01100)

⑬ N | P | P ‖ N | P   (01101)

⑭ N | P | P | P ‖ N   (01110)

⑮ N | P | P | P | P   (01111)

IN의 기본의미는 '들다'이다.

이미 위에서 본 바와 같이 IN의 기본의미는 '들다'이다.

영어사전에는 IN에 대해 다양한 의미를 열거하고 있지만 결국은 '들다'라는 기본의미로 귀착된다.

IN이 술어로 사용되는 경우, 어떤 대상 안에 '들다'라는 의미를 중심으로 하여 '안에 있기, 안에 들기, 지치기, 사기당하기, 굴복하기, 서류 제출하기, 정보입력 하기, 지식 습득하기' 등의 여러 가지 의미가 파생된다.

IN이 명사 등과 결합하여 전치사구를 이루는 경우에는 '~안에 있기, ~안에 들기/넣기' 등의 의미를 중심으로 하여 술어(보어, 부사어)나 비술어(목적어, 부사어), 수식어 등으로 다양하게 사용된다.

ON이 동적인 경향을 가지는 것에 비해 IN은 정적인 경향을 가지는 것도 흥미로운 특색이다. ON과 IN은 50키워드 중 1/3 이상의 사용빈도를 나타내는 중요한 키워드들이므로 이 둘의 용법만 정확히 알아도 영어실력이 크게 향상된다.

　이 책은 키워드 중 하나인 IN에 대한 모든 유형의 예문을 2진법으로 정리한 것이다. 이 책에 수록된 각 예문은 주로 영화, 만화, 소설, 팝송, 학습지 등에서 현장감 있고 요긴한 것을 골랐다. 이들 예문만 숙달하면 영화, 팝송, 만화, 소설, 시사잡지를 모두 즐길 수 있다. 이 책은 국내외의 사전류와 학술서 중에서도 상당수의 예문을 인용하였다.

　인용출처 문헌은 책 말미에 별도로 표시되어 있으며 근거는 (　) 안에 약자를 사용하여 표시했다. 유사 예문은 (#)로 간접 인용의 취지를 나타냈다. 각 예문에 대해서는 2진법 분석 및 어순에 따른 직역이나 필자의 취향에 맞추어 번역하였으므로, 인용문헌이 표시된 것은 그 문헌에서 다양한 역문을 접할 수 있다.

　위 예문들의 2진법분석을 통해, 여러분은 지금까지 문장의 구조에 대해 아무 생각 없이 막연히 접하였던 예문들이 자신의 머리속에 '저절로 저장되는 신기하고 통쾌한 경험'을 맛볼 수 있다. 이 책의 예문 외에도 독자 여러분이 영어사전이나 일반 서적을 통해 직접 발견한 IN에 관한 예문을 2진법에 따라 이 책 여백에 추가해 나간다면 여러분의 영어실력은 더욱 탄탄하게 향상될 것이다.

in

PART 1

사람·조직 (18)   신체·정신 (44)   물건 (46)   관념·활동 (60)
장소·위치 (67)   시간 (68)   기타용법 (71)

사람·조직

[사람 1] 안에 있기

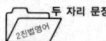

(~안에 있기)

❶ He | 's **in**.
그는 | 안에 있어요.

❶ Is he | **in**?
그분 | 계십니까 (출근했습니까)?

❶ Everyone | **in**?
모두 | 들었니?(1HP112)

❶ I stopped by, but you | weren't **in**.
내가 지나는 길에 들렀지만, 당신은 | 부재중이었다.

❶ Where are they, Walter? | Still **in**.
그들은 어디 있니, 왈터?, | 여전히 안에 있어.(DHV186)

❶ His side | is **in**.
그의 편이 | 공격할 차례이다.

A : ❶ Is | Dr. John right **in** (now)?
존 박사님 | (지금) 계셔요?

B : One moment, please.
잠깐만 기다리세요.(TEPS)

A : May I speak to Mr. John?
존 씨와 통화할 수 있어요?

B : ❶ He | 's not **in** (at the moment).
(지금) 안 계시는 데요.(ECD645)

(allow in)

❸   We│'ve never been allowed │ in.
　　우린 │ 안 되었어 │ 안에 있으면.(2HP55)

(eat in)

❸   This evening I │ am going to eat │ in.
　　오늘 저녁에는 집에서 식사할 겁니다.

(get in)

A :   ❸ Would you like him to call you when he │ get │ in?
　　　돌아오시면 전화하라고 할까요?

B :   No, thank you. I'll call back later.
　　　아니, 됐어요. 나중에 다시 전화 할게요.(ECD645)

(keep in)

❸   │ Keep │ in when you are cycling.
　　│ 유지해라 │ 안쪽 (길가 쪽) 을, 자전거를 탈 때는.(EPV162)

(lie in)

❸   If only we │ could lie │ in this Sunday.
　　이번 일요일엔 우리 늦잠 좀 잘 수만 있다면.(EPV162)

(live in)

⟨❸⟩   We have a very good maid ⟨ who │ lives │ in ⟩.
　　　우리는 ⟨ 입주해서 일하는 ⟩ 아주 착한 가정부가 있다.(EPV162)

(play in)

❸   The third baseman │ played │ in, expecting a bunt.
　　3루수는 번트에 대비해 전진 (홈에 가까이) 수비를 했다.

(put in)

❸   He │ put │ in (only five or six hours).
　　그는 │ 했다 │ 집에 있곤 (5, 6시간만).

(settle in)

[❸]   It took us a long time [│ to settle │ in (to our new house)].
　　　[우리가 (새 집에) 정착하기까지는] 오랜 시간이 걸렸다.(EPV162)

(sit in)

❸   I │ just sit │ in.
　　나는 │ 앉아 있기만 해 │ 안에. *청강하다.

(sleep in)

❸ I | sleep | **in** (on the weekends).
나는 | 잠을 잔다 | (집) 안에서 (주말에는) *늦게까지 자다.

(stay in)

❸ He | stayed | **in** (all day).
그는 | 머물렀다 | (종일) 집에.

[❸] We decided [| to stay | **in**].
우리는 [집에 있기로] 결정했다.

(stop in)

❸ Do you plan to go out? Or are you | stopping | **in**?
외출할래? 아니면 집에 있을래?(EPV162)

(turn in)

❸ I | turned | **in** (really late last night).
나는 (어젯밤 정말 늦게) 잠자리에 들었다.(EID924)

[❸] Let's [| turned | **in** early].
[일찍 잠자리에 들도록] 하자.(3HP255)

A : ❸ What time do you | usually | turned | **in**?
보통 몇 시에 잠자리에 드니?

B : I don't go to bed until after midnight.
자정 지나야 잠자리에 들어.(EXD96)

(wait in)

❸ I was expecting a phone call, so I | waited | **in** (all day).
나는 전화를 기대하며, | 기다렸다 | 집에서 (하루 종일).(EPV162)

네 자리 문장

(allow in)

❺ | Do not allow ‖ anybody | **in**.
| 허락하지 마 ‖ 누구도 | 안에 있게.

(keep in)

❺ I | 'm going to keep ‖ you | **in**.
난 | 머물게 하려 한다 ‖ 너희들을 | (집) 안에.(EPV162)

[사람 2] 갇히기

(갇히기)

❶   He | is **in** (jail).
그는 | (감옥) 안에 갇혀 있다.

(fence in)

[❸]   I'm never going to marry. I hate [| to be fenced | **in**]!
난 절대로 결혼은 안 할 거야. 난 제약받고 싶지 않아!(EID237)

(lock in)

❸   At 9 p.m. prisoners | are locked | **in** (for the night).
저녁 9시 죄수들은 | 갇힌다 | 안에 (야간에).(OAD)

(shut in)

❸   He | was shut | **in**.
그는 | 갇혀 있었다 | 안에.(5HP821)

(snow in)

❸   My wife and I | were snowed | **in**, so we stayed home from work. 내 아내와 나는 눈에 갇혀 집에서 머물렀다.(EID796)

(fence in)

[❺]   He didn't like the way [his boss | was fencing ‖ him | **in**]. 그는 [사장이 자신을 제약하는 것을] 좋아하지 않았다.(EID237)

(hem in)

❺   They | hemmed ‖ her | **in**.
그들은 | 쌌다 ‖ 그녀를 | 둘러.(1ER6,523)

(keep in)

❺   I |'m going to keep ‖ you | **in**.

난 | 가두려고 해 ‖ 너희들을 | 집안에.

(lock in)

⑤　　Why are you | locking ‖ me | **in**?
　　　왜 날 안에 가두시는 겁니까?(DGU48)

(pull in)

⑤　　The police | pulled ‖ the burglar | **in**.
　　　경찰은 | 체포하여 ‖ 그 강도를 | 가두었다.

(run in)

⑤　　I | 'd run ‖ you | **in**.
　　　난 | 할거야 ‖ 너를 | 잡아 가둘.

[「⑤」]　It didn't take long for the police [| to run 「**in** ‖ the criminal].　경찰이 [들이닥쳐 범인을 체포하는 데] 오래 걸리지 않았다.(EID736)

(shut in)

⑤　　The kidnapper | shut ‖ me | **in** (the room for 24 hours).
　　　유괴범은 나를 (그 방에 24시간 동안이나) 가둬놓았다.(EPV250)

(take in)

⑤　　The police | have already taken ‖ the suspect | **in**.
　　　경찰이 이미 용의자를 연행해 갔다.(EPV251)

(turn in)

⑤　　| Turn ‖ him | **in**.
　　　그 사람 집어 넣어.(ECD1170)

[사람 3] 장소에 들기

(장소에 들기)

❶　　" | **In!**," he said.
　　　"들라", 그가 말했어.(2HP78)

❶　　One | **in**, one | out.
　　　한 사람 | 들고, 한 사람 | 나고.

22　50키워드영어 IN

❶ He | 's not **in** yet.
그는 | 아직 돌아오지 않았어.

❶ He | won't be **in** (until seven o'clock).
그는 | 오지 않을 거야 (7시까지는).

❶ What time will he be **in**?
그 분 몇 시에 들어와요?(ECD759)

❶ We | 're almost **in**.
우리는 | (안에) 거의 다 도달했어.

❶ The manager | is **in** (before anyone else).
매니저가 | (누구보다 먼저) 들어왔다.

(amble in)

❸ George | ambled | **in**.
죠지가 | 느릿느릿 | 들어왔어.(2HP43)

(bounce in)

❸ They | bounced | **in**.
그들이 | 뛰어 | 들어왔어.(1HP202)

(breeze in)

❸ Although she was an hour late, she | casually breezed | **in**.
그녀는 1시간 늦었어도 아무렇지 않은 얼굴로 쓱 들어왔다.(EPV249)

(bring in)

❸ At the command of Festus, Paul | was brought | **in**.
페스터스의 명으로 바울이 | 끌려왔다 | 안으로.(Ac25:23)

(burst in)

❸ Hermoine | bursted | **in**.
허마이니가 | 갑자기 뛰어 | 들어왔다.(2HP211)

(call in)

❸ I | was called | **in**.
나는 | 불려 | 들어갔다.

[❸] I hope you don't mind us [| calling | **in** (without any notice)]. [(아무 연락 없이) 찾아온 것] 이 폐가 안 됐으면 좋겠다.(EPV138)

(close in)

❸   The mob | closed | **in**.
폭도들이 | 접근하여 | 들었다. *둘러싸다.

❸   You | can close | **in** (now).
너는 | 끝내고 | 들어와도 돼, (지금).

(come in)

❸   He | came | **in**.
그가 | 왔어 | 들어.

❸   May I | come | **in**?
내가 | 와도 될까요 | 들어?

❸」   **In**」 came」 the doctor.
들어」 왔어」 그 의사가.

❸ | Please come | **in** (in your shoes).
| 와요 | 들어 (신을 신은 채).

❸   He |'s coming | **in** (just now).
그가 (지금) 막들어오고 있어요.

❸   No one went out and no one | came | **in**.
아무도 출입하는 자가 없더라.(Jos6:1)

A :   [❸] When would you like [| to come | **in**]?
언제 오시겠어요?

B :   How about right now?
지금 바로 가도 될까요?(TEPS)

(dance in)

❸   Mary | danced | **in**.
매리가 | 춤추며 | 들어왔다.(ATS72)

(drop in)

❸ | Please drop | **in** (anytime).
(언제든) 들러줘요.

(file in)

❸   The lawyers | filed | **in**.
변호사들이 | 줄지어 | 들어왔다.

(get in)

❸ | Get | **in**.
　| 오라 | 안으로.

❸ I | just got | **in**.
　나 | 방금 왔어요 | 들어.

❸ He forgot his key and | couldn't get | **in**.
　그는 키를 잊어버려 들어갈 수 없었다.

❸ We | got | **in** (at five).
　우리는 (5시에) 도착했다.

(go in)

❸ He | went | **in**.
　그가 | 갔어 | 들어.

❸ You | may go | right **in**.
　넌 | 가도 돼 | 바로 들어.(ECD755)

❸ | Go | **in** and win!
　잘 싸워라!; 힘내라! *응원 · 격려의 말.

❸ Tom | went | **in** { but } I remained outside.
　톰이 | 가고 | 들어 { 그리고 } 난 바깥에 머물렀다.

[❸] Let's [| go | **in**] and warm up.
　들어가서 몸을 덥히자.

❸」 **In**」 you | go.
　들어」 너 | 가라.(2LR196)

(hop in)

❸」 **In**」 he | hopped.
　들었다」 그는 | 껑충 뛰어.(THP24)

(leap in)

❸ Malfoy | leapt | **in**.
　말포이가 | 뛰어 | 들었다.(1HP157)

(move in)

❸ Has your new roommate | moved | **in** (yet)?
　너의 새 룸메이트가 (벌써) 이사왔니?(EID571)

[❸] How much do I pay [| to move | **in**]?
　[입주하려면] 얼마나 내야 합니까?(ECD575)

(pass in)

❸ Legolas | passed | **in**.
레골라스가 | 통과해 | 들어왔어.(3LR50)

(run in)

❸ A little girl | ran | **in**.
작은 소녀가 | 달려 | 들어왔다.(CC49)

(saunter in)

❸ Ben Price | sauntered | **in**.
벤 프라이스가 | 어슬렁어슬렁 걸어 | 들어왔다.(OHS42)

(speed in)

❸ Malfoy | sped | **in**.
말포이가 | 신속히 | 들어왔다.(5HP638)

(steal in)

[❸] Ken tried [| to steal | **in** (without waking his wife up)].
켄은 [(아내를 깨우지 않으려고) 살짝 들어가려고] 했다.(EID823)

(step in)

❸ He opened the door and | stepped | **in**.
그가 문을 열고 | 걸어 | 들어왔다.

(storm in)

❸ Rone | stormed | **in**.
론이 | 고함치며 | 들어왔다.(3HP70)

❸ She | stormed | **in** (angrily), waving her hands and shouting. 그녀는 | (화나) 맹렬히 | 들어왔다, 손 흔들고 소리 지르며.(EPV248)

(stop in)

❸ | Stop | **in** (after work).
| 잠깐 머물러 | 들러라 (업무 후).

(stump in)

❸ Mad-Eye Moody | stumped | **in**.
매드아이 무디가 | 뚜벅뚜벅 | 들어 왔다.(5HP168)

(trot in)

❸ He | trotted | **in**.
그가 | 경쾌하게 걸어 | 들었다.(CN239)

(walk in)

❸ Percy | walked | **in**.
퍼씨가 | 걸어 | 들어왔다.(2HP44)

 네 자리 문장

(ask in)

❺ Shall I | ask ‖ him | **in**?
내가 | 할까요 ‖ 그를 | 들게?(ECD754)

(bow in)

❺ The waiter | bowed ‖ him | **in**.
웨이터는 | 머리 숙여 ‖ 그를 | 들게 했어.

(bring in)

❺ | Bring ‖ him | **in**.
| 보내라 ‖ 그를 | 들여.(Est7:5)

「❺ Eric Young hit a line drive, | bringing 「**in**‖ two runners.
에릭 영이 라인 드라이브를 쳐서 두 주자를 홈으로 들렸다.(EXD252)

(call in)

❺ | Call ‖ her | **in**.
| 불러 ‖ 그녀를 | 들여라.

「❺ He | called 「**in**‖ each one of his master's debtors.
그는 | 불러「들였다 ‖ 그 주인의 빚쟁이 중 각자를.(Lk16:5)

(come in)

❼ The nurse | came | bustling | **in**.
간호사가 | 왔어 | 법석 떨며 | 안으로.(3HP89)

❼ The rest of the class | came | clattering | **in**.
나머지 학생들이 | 왔어 | 소란스럽게 | 안으로.(2HP99)

❼ Some Hobbits | came | running | **in**.
호빗족 사람 몇 명이 | 왔어 | 달려서 | 안으로.(3LR314)

❼ Eustace | came | rushing | **in**.
유스터스는 | 왔어 | 급히 | 안으로.(CN438)

(cue in)

❺ She |'ll cue ‖ you | **in**. That's when you enter, okay?

그녀가 네게 큐 사인 할 거야. 그때 네가 들어가. 알았니?(EID175)

(follow in)

❺ She | followed ‖ him | **in**.
그녀가 | 따랐다 ‖ 그를 | 안으로.

(gather in)

❺ I | will gather ‖ them | **in**.
내가 그들을 안으로 모을 것이다.

(get in)

❺ | Get ‖ thee | **in**.
당신 들어오세요.

❺ | Get ‖ a doctor | **in**.
의사를 불러 드려라.

❺ You | get ‖ them | **in**.
네가 | 데려와라 ‖ 그들을 | 안에.

❺ She | got ‖ the children | **in** (at once).
그녀는 어린애들을 (당장) 들였다.

(have in)

❺ We | are having ‖ the painters | **in** (next week).
우리는 | 할 것이다 ‖ 페인트공을 | 들이도록 (다음주).(EPV247)

(lead in)

❺ They | led ‖ him | **in**.
그들은 | 이끌었다 ‖ 그를 | 안에.(DQ106)

(let in)

❺ | Let ‖ him | **in**.
| 해라 ‖ 그를 | 들게.

❺ | Don't let ‖ anybody | **in**.
아무도 들여보내지 마라.

❺ She | let ‖ him | **in**.
그녀는 그를 안으로 들어오게 했다.

❺ | Let ‖ 's | **in**.
우리 들어가도록 하자.

[❺] Aren't you even going [| to let ‖ me | **in**]?

[나를 들어가지도 못하게] 하는 건가?

(pull in)

「❺   The new sign outside | pulled 「in ‖ a lot of customers.
      밖의 새 간판이 | 끌어 「들였다 ‖ 많은 고객을.(EPV564)

(send in)

❺ | Send ‖ him | in.
       | 보내라 ‖ 그를 | 들여.

❺   They | sent ‖ Lockhart | in (first).
       그들은 | 보냈다 ‖ 록하트를 | (먼저) 들여.(2HP299)

(show in)

❺ | Please show ‖ him | in.
       | 안내해요 ‖ 그를 | 안으로.(TEPS)

(take in)

❺   Ali | took ‖ him | in.
       알리가 | 데려갔어 ‖ 그를 | 안에.

(turn in)

❺   You | turned ‖ her | in.
       네가 | 보냈어 ‖ 그녀를 | 들여.

● [사람 3a] 장소에 접촉하여 들기

(접촉하여 들기)

❶   We | 're in. Oh, Okay. This time's for real
    우린 | 끼였어 (연결되었어). 좋아. 이번에는 진짜야.(Ind186)

(break in)

❸   Thieves | has broken | in (during night).
    도둑들이 | 부수고 | 들어왔다 (밤중에). *침입했다.

(close in)

❸　　We ｜ are closing ｜ **in**.
　　　너는 ｜ 접근하여 끼어 ｜ 들고 있다.(Ind80)

(crowd in)

❸　　They ｜ crowded ｜ **in**.
　　　그들은 ｜ 떼거리로 모여 ｜ 들었다.(1HP113)

❸　　If any more ｜ crowd ｜ **in**, the windows will certainly break.　　사람들이 이보다 더 모여들면, 창문들이 분명 깨질 것이다.(EPV249)

(dig in)

A ：　Wow, this stuff looks good!
　　　와 음식이 맛있어 보이네.

B ：　It sure does. ❸ ｜ Dig ｜ **in**.
　　　그래, 어서 (파) 먹어라.(EXD49)

(dive in)

❸　　Coffee, finally. I'll leave this right here. ｜ Just dive ｜ **in**.
　　　커피 드디어 나왔어. 여기 둘 테이니, 그냥 들면 돼.(EXD49)

❸　　When you do not know what to do, ｜ just dive ｜ **in**.
　　　무엇을 해야 할지 모를 땐 일단 그냥 뛰어드세요.(EPV361)

(fall in)

❸　　The kids were playing by the river { and } one of them ｜ fell ｜ **in**.　애들이 강가에 놀다 { 가 } 한 애가 ｜ 빠졌다 ｜ (강물) 안에.(OAD)

(get in)

❸　　Could I ｜ get ｜ **in**?
　　　내가 ｜ 들어가도 될까 ｜ 안 (좌석) 에?

❸　　The burglar ｜ got ｜ **in** (through the window).
　　　그 도둑은 들어 왔다 (창문을 통해).

[❸]　While I am trying [｜ to get ｜ **in**], someone else goes down ahead of me.
　　　내가 가는 동안에 다른 사람이 먼저 들어가나이다.(Jn5:7)

(jump in)

❸　　｜ Jump ｜ **in** (the water).

| 뛰어 | 들라 (강물에).

(plunge in)

❸   He | plunged | **in**.
그가 | 뛰어 | 들었어.

(squeeze in)

❸   May I | squeeze | **in**?
끼어 앉아도 될까요?(ECD1197)

❸   We | can squeeze | **in**.
우린 바짝 붙어 앉으면 돼.(ECD1197)

(kick in)

「❻   You say the door is locked? Well, | just kick ‖ it 「**in**.
문이 잠겨 있다고? 그럼, 발로 차서 문을 부수고 들어가.(EPV255)

(pull in)

❺   A hand came out { and } | pulled ‖ him | **in**.
손 하나가 나오더 { 니 } 끌어당겼어 | 그를 ‖ 안으로.(2LR196)

(push in)

❺   Somebody | pushed ‖ me | **in**.
누군가 | 밀었다 ‖ 날 | 안으로.

(squeeze in)

❺   We | squeezed ‖ him | **in**.
우리는 | 끼어 넣었다 ‖ 그를 | 바짝.

◆ [사람(+물건*) 3b] 수속하여 물건 · 장소에 들기

(수속하여 들기)

❶   All right, Harry, we are | **in**.
좋아, 우리 | 준비됐어.

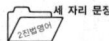

(check in)

❸ He | checked | **in** (late).
그는 | 체크하여 | 들었다 (늦게).

❸ | Please check | **in** (at least an hour before departure).
| 체크 수속하여 | 들어요. (최소 출발 한 시간 전에). (OAD)

❸ Karl | should have checked | **in** (by now).
칼은 (지금 쯤) 연락해 와야 하는데. (DHV138)

[❸] I'd like [| to check | **in**], please.
나 [체크 인 수속하여 들려고] 해요.

(punch in)

A : ❸ What time do you | punch | **in**?
몇 시에 출근 펀치 찍니?

B : ❸ I | don't punch | **in**. I report to work at 9 a. m..
펀치 찍고 들지는 않아. 9시에 출근보고해. (EXD290)

(sign in)

❸ All visitors | must sign | **in** (on arrival).
모든 방문객은 | 기록하고 | 들어야 한다 (도착시). (OAD)

❸ Every evening, when we return to the youth hostel, we | have to sign | **in**. 우리는 매일 저녁 유스호스텔로 돌아오면 자기 이름을 적어 도 착을 기록하고 들어야 한다. (EPV138)

(check in)

❺ The man at the reception desk | checked ‖ us | **in**.
프런트 남자가 | 체크 수속하여 ‖ 우리를 | 들게 했다. (EPV138)

「❺* We | checked 「**in** ‖ our luggage { and } went through to the departure line.
우리는 | 체크 수속하여 「들이고 ‖ 수화물을, 출발선으로 통과해 갔다. (OAD)

(turn in)

❺ He | turned ‖ Hagrid | **in**.

그는 | 했어 || 해그리드를 | 신고하여 들게.(2HP258,6HP638)

[사람(+물건*) 3c] 이동수단에(으로) 들기

(~이동수단에(으로) 들기)

❶   He | was **in** (in an ambulance).
그는 | 들어 왔다 (구급차에 타서).

❶   Everyone | **in**? / Is everybody | **in**?
모두 | 탔니?(1HP112)   /   모두 탔니?(ECD253)

(climb in)

❸ | Climb | **in**! | 올라 | 타.(ECD253)

(drive in)

❸   He | drove | **in**.   그는 | 차를 타고 | 들었다.

(fit in)

❸   Can we all | fit | **in**?   우리 모두 탈 수 있니?(ECD252)

(get in)

A : I'm headed to the museum, Jane. Are you going my way?   제인, 나 박물관 쪽으로 가는데, 같은 방향이니?

B : Yeah, I'm driving right past it. ❸ | Get | **in**.
응, 바로 그곳을 지나가. 타라.(EXD472)

(fly in)

❸   The movie star | is flying | **in** (tonight).
그 영화배우는 (오늘 밤) 비행기로 도착할 예정이다.(EPV249)

(get in)

❸   I caught a taxi { and } | got | **in**.
나는 택시를 잡아 { 서 } 그 안에 탔다.

(hop in)

❸   I'm glad to give you a ride to the store. | Hop | in.
기꺼이 가게까지 태워줄 게. 올라 타!(EXD470).

(wheel in)

❸   The patient | was wheeled | in.
환자가 | 차에 실려 | 들여왔다.

(fly in)

「❺   We | 're going to fly 「in ‖ the best doctors in the world.
우린 | 비행기로「데려올 거야 ‖ 세계 일류 의사들을.(YAD146)

「❺*   If we | don not fly 「in ‖ medical help, the survivors of the earthquake will continue to die.
우리가 의료지원을 공수해 주지 않으면, 지진 생존자들은 계속 죽어갈 것이다.(EPV249)

(ship in)

「❺*   The United States | shipped 「in ‖ relief goods.
유엔이 | 선적하여「들여왔다 ‖ 구호품을.(EPV252)

[사람 4] 관념·활동에 들기

(들기)

❶   I | 'm in.
나 | 끼겠어.(GWH75)

❶   You | 're in.
넌 | (팀에) 끼인다.(6HP284)

A :   Come on, ❶ Are you | in?
이봐, 할 거야?

B :   I'm out.
난 빠질래.(EXD250)

❶   I | 'm going to be in (first).
내가 | 들 거야 (첫째로).

34 50키워드영어 IN

❶　Martin | is **in** (again).
　　마틴이 | (또) 당선되었다.

❶　The Liberals | were **in** (power).
　　자유당이 | 정권을 잡고 있었다.

[❶]　He always knew [which clubs | were **in**].
　　그는 [어떤 클럽이 유행하는 지] 항상 알았다.

 세 자리 문장

(break in)

❸　"Excuse me," Ann | broke | **in**.
　　"실례해요", 하면서 앤이 | 끼어 | 들었다.

(butt in)

❸　Lockhart | butted | **in**.
　　로크하트가 | 끼어 | 들었다.(1HP202)

[❸]　Who asked you [| to but | **in**]?
　　누가 너더러 [참견하라고] 했니?(ECD138)

(chip in)

❸　| Don't chip | **in**.
　　끼어들지 마.(EPV249)

(cut in)

❸　| Don't cut | **in**.
　　말참견하지 (끼어들지) 마.(ECD138)

[❸]　Pardon me for [| cutting | **in**].
　　날 용서해 줘요 [| 잘라 | 들은 것을].　*이야기에 끼어들다.

[❸]　It is rude [| to cut | **in** { while } others are talking].
　　[다른 사람이 말하는 있는데 끼어드는 것은] 무례해.

(fill in)

❸　He | was only filling | **in**.
　　그는 | 단지 채워 | 들고 있었다.(3HP185)　*대신하다.

(flood in)

❸　Applicants | have flooded | **in**.
　　지원자가 | 쇄도해 | 들었다.

(fit in)

❸   He | 'll fit | right **in**.
그는 | 잘 끼어 | 들 (해 낼) 거야.

❸   I | didn't fit | **in**.
그는 잘해 낼 수 없었다.

(get in)

❸   If the Conservatives | got | **in** they might decide to change it. 보수파가 집권하면 그걸 바꾸려고 결정할지 몰라.

(join in)

❸   All the children | joined | **in**.
모든 어린이들이 | 가담하여 | 들어왔다.(CN447)

❸   The other Slytheine | joined | **in**.
다른 슬라이데인 소속 애들도 | 끼어 | 들었다.(1HP147)

(meddle in)

[❸]   I don't mean [| to meddle | **in**].
난 [참견하려고] 한 것이 아니야.(EXD181)

(pitch in)

[❸]   Why don't you ask everybody [| to pitch | **in**]?
모두에게 [도와 달라고 하지] 그러세요?(ECD1167)

(put in)

❸   "You could just leave me here," Harry | put | **in** (hopefully). "날 그냥 여기 둬도 돼요." 해리가 (희망 삼아) 끼어들었다.(1HP23)

(rush in)

[❸]   Rather than [| rushing | **in**], let's start things slowly.
[성급하게 행동하기] 보다는 천천히 일들을 시작하자.(EPV361)

(start in)

❸   You | 're starting | **in** (again).
너 | 시작하는 군 | (또) 들기. *비난을 시작하다.

(step in)

[❸]   Do you think [you | would be able to step | **in**]?
[네가 참가할 수 있다고] 생각하니?

[❸]   Our treasure quit the company, so we asked Jill [| to step | **in**].
경리 사원이 회사를 그만 둬서 우리는 질에게 자리를 맡아달라고 요청했다.(EID824)

(vote in)

❸   He campaigned hard and | was voted | **in**.
그는 열심히 운동하여 | 투표로 | 당선되었다.

(want in)

❸   I like the idea. I | want | **in**.
그 아이디어 좋아. 나도 끼고 싶어.(ECD830)

네 자리 문장

(come in)

❼   You | came | butting | **in**.
네가 | 왔어 | 끼어 | 들어.(6HP287)

(count in)

❺ | Count ‖ me | **in**.
| 계산에 ‖ 나를 | 넣어 줘. *끼워주다.

(fit in)

❺   We | could fit ‖ you | **in**, kid.
이봐 너를 끼워줄 수도 있어.

[❺]   The dentist said [that he | could fit ‖ me | **in** { if } it was an emergency].
치과의사는 [응급상황일 {경우} 나를 진찰할 시간을 내주도록 조정하겠다고] 말했다.(EID245)

(get in)

❺ | Get ‖ me | **in**.
| 줘 ‖ 나를 | 넣어 (끼워). *들게 해줘.

(have in)

❺   I |'ll have ‖ a baby sitter | **in** (to care for my baby).
나는 아기 돌볼 사람을 들이려고 해.(NQE)

(include in)

❺ | Include ‖ me | **in**.

| 포함해 줘 ‖ 나도 | 끼워.

(let in)

⑤　They | let 「in ‖ anybody who's bright.
　　그들은 똑똑한 아이는 누구든지 끌어들이지.(WH46)

(lock in)

⑤　Have you | locked 「in ‖ anyone to do the work?
　　누군가 그 일을 하도록 확실히 해두었니?(EID521)

(sandwich in)

A : I don't have an appointment with him, but I really want to meet him.　그분과 약속은 안했지만 꼭 만나고 싶습니다.

B : ⑤ Well, I | can sandwich ‖ you | in (around three).
　　그럼, (3시쯤) 시간을 내어 드릴게요.(ECD752)

(slip in)

⑤　They | just slip ‖ you | in.
　　그들은 | 슬쩍 ‖ 너를 | (기사에) 집어넣어.(5HP73)

(squeeze in)

⑤　Can you | squeeze ‖ me | in?
　　넌 (네 일정에) 끼게 할 수 있니?

(take in)

[⑤]　I'm grateful to my aunt for [| taking ‖ me | in { when } my parents went away].
　　난 [우리 부모님이 안 계셨을 {때} 이모가 나를 거두어 주신 것에 대해] 고맙게 생각해.(EID863)

(vote in)

⑤　Why do we | vote 「in ‖ the same politicians year after year?　왜 우리는 해마다 똑같은 정치가들을 당선시켜 주는 거지?(EPV247)

(work in)

[⑤]　I plan [| to work ‖ you | in].
　　나는 [네가 끼이도록 일하려고] 계획한다.

[⑤]　Thanks for [| working ‖ me | in].
　　[날 들게 (끼워) 해줘서] 고마워.

[사람 5] 지식/정보에 들기(지득)

(지득/지각하기)

❶   I | 'm **in** (on the secret).
　　난 I (그 비밀에 대해) 알고 있다.

(brief in)

❸   Have you | been briefed | **in**?
　　당신은 | 브리핑 받았나요 | 알도록?(EXO)

(listen in)

❸   They | were listening | **in**.
　　그들은 | 듣고 있었다 | 열중하여.(6HP163,5HP341)

(look in)

❸   Hermine | is going to look | **in** (before the match)?
　　허마니가 | 보려고 하지 않을까 | 들러 (시합 전에)?(6HP411)

(take in)

❸   She | was completely taken | **in** (by his story).
　　그녀는 | 완전히 끌려 | 들었다 (그의 이야기에).

(fill in)

❺   He | filled ‖ them | **in**.
　　그는 | 채웠다 ‖ 그들이 | 알도록.(6HP279) *자세히 들려주다.

A : I'm afraid I can't spare more than ten minutes for this meeting. 난 이 회의에 10분 이상 낼 수 없을 것 같은데.

B : Don't worry, I | 'll fill ‖ you | **in** (later).
　　염려 마요, (나중에) 제가 회의 내용을 말해 줄게요.(TEPS)

[사람 6] 불리하게 들기

(불리하게 들기)

❶ I | 'm **in** (for trouble).
난 | (곤란한 처지에) 들어있다.

(cave in)

❸ Jim | will always cave | **in** (to a beautiful woman's demands). 짐은 (예쁜 여자의 요구를) 항상 들어준다.(EID137)

(do in)

❸ I | was done | **in** (by that foxy salesman).
난 (교활한 외판원에게) 사기 당했어.(ECD1132)

(give in)

❸ I | give | **in**.
난 | 항복해 | 든다.(1LR118)

❸ The strikers | gave | **in**.
파업자들이 | 굴복해 | 들었다.

❸ | Don't give | **in** (to them).
(그들에게) 굴복하지 마라.

❸ He | 's given | **in** (to my demand).
그는 나의 요구에 응했다.(SED)

(take in)

❸ Helen | was taken | **in** (by the scam).
헬렌은 | 끌려 | 들었다 (사기꾼에게). *속다.

❸ She | was completely taken | **in** (by his story).
그녀는 | 완전히 끌려 | 들었다 (그의 이야기에). *속다.

 네 자리 문장

(break in)

⑤ Who | will break ‖ the new employee | **in**?
누가 새 직원 좀 훈련시켜 줄래?(NQE)

「⑤ You | have to break 「**in** ‖ the new employees.
새로 들어온 직원들을 적응시켜야 한다.(EXD130)

(do in)

⑤ He |'ll do ‖ somebody | **in**.
그는 | (괴롭혀) 죽일 거야 ‖ 누군가를 | 끌어 들어(SED).

⑤ Rick | did ‖ my son | **in**.
릭이 내 아들을 죽인 거야.(NQE)

〈⑤〉 Oh, he's always talking about the goblin 〈 he |'s done ‖ ∩ | **in** 〉.
오, 그는 항상 〈 자기가 도깨비들을 끌어넣은 (죽인) 것 〉 에 대해 떠들고 있다.(5HP193)
*끌어넣어 괴롭히거나 죽이다. *∩ = the goblin

⑤ He gambled away all his money and | did ‖ himself | **in**.
그는 도박으로 가진 돈 다 날리고 신세 망쳤다.(NQE)

⑤ Huge losses on the stock market | did ‖ many investors | **in**.
주식시장의 큰 손실이 | 했다 ‖ 많은 투자가들을 | 파산하게.

(hold in)

[⑤] Harry was glad [she | held ‖ herself | **in**].
해리는 [그녀가 자제하는 것이] 기뻤다.(1HP301)

(rein in)

「⑤ You | must rein 「**in** ‖ the men 〈 who are out of control 〉.
넌 | 고삐 당겨 「넣어야 한다 ‖〈 통제 불능인 〉 그들을.(EPV189)

(take in)

⑤ He |'ll always take ‖ you | **in**.
그는 | 언제나 데려갈 거야 ‖ 너를 | 안에. *속이다.

[사람 7] 지쳐들기

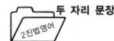

(지쳐들기)

❶ I │ 'm just all **in**.
나는 │ 단지 너무 지쳤어.

❶ After six weeks's training, the recruit │ were just about all **in**.   6주 훈련후, 초년병들은 모두 지친 것 같다.(OPV)

(do in)

❸ I │ 'm a bit done │ **in**!
난 │ 약간 빠져 있다 │ 지쳐.(OPV)

❸ I │ 'm all done │ **in**! (= I'm too tired to do anything else!)
난 │ 모두 끝났어 │ 지쳐서! (= 지쳐서 더 이상 못 하겠어)

(look in)

❸ You │ look │ all **in**.
너는 │ 보인다 │ 지쳐.

(do in)

❺ The repair work │ did ‖ them │ **in**.
복구공사 때문에 그들은 지쳐버렸다.(SED)

❺ Two hours' walking │ did ‖ me │ **in**.
두 시간 걸었더니 녹초가 됐어.(NQE)

❺ The marathon │ did ‖ me │ **in**.
마라톤이 날 지치게 했다.

❺ [The rush to the station] │ completely did ‖ me │ **in**.
[역까지 급하게 달렸더니] 나는 완전히 녹초가 되었다.(EPV515)

(look in)

❼ Do I | look | done | **in**?
나는 | 보이니 | 빠져 | 지쳐?

● [사람 8] 군대 투입

(군대 투입)

❶ The troops | were **in**.
군대가 | 들어왔다. *출동하다.

(go in)

❸ Troops | went | **in** (at dawn).
군대가 | 갔다 | (새벽에) 들어 (접근하여).

(send in)

❸ The troops | were sent | **in**.
군대가 | 보내졌다 | 들여. *출동하다.

(call in)

「❺ | Call 「**in**」‖ the chariots from Tarnis.
| 불러「들이라」‖ 타니스의 전차대를.(TC122)

(send in)

「❺ They | 'll send 「**in**」‖ the troops.
그들은 | 보낼 거야 | 군대를 ‖ 들여.

(throw in)

[「❻] They quelled the disturbance by [| throwing 「**in**」‖ soldiers].   당국은 [군을 투입하여] 소동을 진압했다.(EPV252)

 신체·정신

● [신체·정신] 듣기

(듣기)

❶   Tummy | in.
      배를 | 집어넣어라.

❶   How many fingers | are in?
      손가락 몇 개가 | 접혀 있니?

(pull in)

❸   Her tummy | was pulled | in.
      그녀의 배가 | 당겨져 | 들어갔다.

(settle in)

❸   The pain | was settling | in.
      통증이 | 자리잡는다 | 들어와.

(smash in)

❸   Her nose | was smashed | in.
      그녀의 코가 | 세게 맞아서 | 쑥 들어갔다.(MG415)

(tuck in)

[❸]   Keep your elbow [| tucked | in].
      계속 [팔꿈치를 집어넣어라].(2HP48)

(get in)

❺   You won't find the work difficult, { once } you | get ||

your hand | **in**.　일단 요령을 터득하{면}, 그 일을 하나도 어렵지 않다.

[❺]　When I started my new job, my boss helped me [| get ‖ my hand | **in**].
새 일을 시작했을 때, 사장님이 요령을 가르쳐 주었다.

(hold in)

[❺]　She struggled [| to hold ‖ the tears | **in**].
그녀는 [눈물을 들어 넣으려 (감추려) 고] 애썼어.(EXD93)

〈「❺〉　She needs a girdle 〈 | to hold 「**in** ‖ her stomach 〉.
그녀는 〈 배를 집어넣기 (조이기) 위한 〉 거들이 필요하다.(EPV189)

(keep in)

❺　| Keep ‖ your elbows | **in**.
| 계속하여 ‖ 네 팔꿈치들은 | 몸에 딱 붙여라.(CN211)

(pull in)

❺　| Pull ‖ your arms | **in**.
| 집어 ‖ 손을 | 넣어라.(1ER168)

❺　| Pull ‖ your feet | **in**.
| 당겨 ‖ 발을 | 넣어라.

❺　| Pull ‖ your tummy | **in**.
| 당겨 ‖ 네 배를 | 집어넣어라.

「❺　Harry | actually pulled 「**in** ‖ his stomach { as } she walked by.　해리는 | 집어 「넣었다 ‖ 배를, 그녀가 걸어 지날 { 때 }.(5HP436)

(stick in)

❺　When I | stuck ‖ my hand | **in** (the basket), a snake bit it.　(바구니 속에) 손을 찔러 넣었을 때 뱀 한 마리가 손을 물었다.(EPV254)

(throw in)

「❺　Rita | threw 「**in** ‖ her hand { and } asked for help with her research paper.
리타는 결국 포기하고 자기 연구논문에 대한 도움을 요청했다.(EID896)

(tuck in)

❺　I will have a bit more room { if } you | tuck ‖ your elbows | **in**.　네가 팔꿈치를 안으로 굽히{면} 내가 좀 여유가 생길 텐데.(EPV336)

PART 1 - in　45

물건

[유체물 1] 장소에 들기

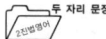

(장소에 들기)

❶ Your rug | is **in**.
주문한 양탄자 | 입하.(EXO)

❶ Is the train | **in**?
열차가 | 도착했습니까?

❶ The 7:30 train | is **in**.
7시 30분 열차가 | 들어와 있다. *도착했다.

A : ❶ Hi, can you tell me { if } a certain book | is **in**?
어떤 책이 있는지 확인 좀 해주시겠어요?

B : I'll try. Do you know the title and author?
예, 그러죠. 책 제목하고 저자를 알고 계십니까?(TEPS)

(bring in)

❸ Hours later more food | was brought | **in**.
몇 시간 지나 더 많은 음식이 | 보내졌다 | 안으로.(1ER429)

(come in)

❸ The train | is coming | **in** (now).
열차가 | 오고 있다 | (지금) 들어.

❸ Fall clothes | will be coming | **in** (soon).
가을 의류가 | 될 것이다 | 입하 (곧).

❸ The horse | came | **in** (second in the race).
그 말이 | 왔다 | 들어 (경주에서 2등으로).

(get in)

❸   What time does the bus | get | **in**, do you know?
　　버스가 몇 시에 도착하는지 알고 계세요?

❸   The train | got | **in** (three minutes early).
　　열차가 | 왔다 | 들어 (3분 일찍).

❸   The train | gets | **in** (at noon).
　　기차는 (정오에) 도착한다.

❸   When does flight 600 | get | **in**?
　　600호기는 언제 도착합니까?

(pull in)

❸   The train | was just pulling | **in**.
　　기차가 막 들어오고 있었다.

(put in)

[❸]   We'll have to get her telephone [| put | **in**].
　　우리는 [그녀의 전화가 놓여지도록] 해야 한다.

(rain in)

❸   Letters | rain | **in**.
　　편지가 | 쇄도해 | 들어온다.

(set in)

❸   The tide | sets | **in**.
　　조수가 | 있다 | 밀려들고.

(seep in)

❸   The rain | is seeping | **in**.
　　비가 | 새 | 들어온다.(ECD1049)

(swoop in)

❸   The owl | swooped | **in**.
　　부엉이가 | 급히 날라 | 들었다.(1HP62)

(non-verb in)

❸   The bus | is due | **in** (at six).
　　그 버스는 | 해야 한다 | 도착 (6시에).(OAD)

(bring in)

⑤ | Bring 「in」 || those chairs.
| 가져와 | 안으로 || 저 의자들을.

⑤ | Please bring 「in」 || the washing.
| 놓아 주세요「들여 || 세탁물을.

⑤ Can you | bring 「in」 || the clothes, dear?
여보, 빨래 좀 들여 놓아 주시겠어요?(ECD619)

⑤ | Bring 「in」 || the hay before it rains.
비가 오기 전에 건초를 거두어들여라.

⑤ The planes | were bringing 「in」 || tanks, armored personnel carriers, troops and artillery.
비행기가 탱크, 병력수송차, 병력, 대포를 들여 놓고 있었다.(CNN)

(buy in)

⑤ The catering department | buys 「in」 || all the hotel's food. 음식조달부가 호텔의 모든 음식을 사들인다.(EPV464)

(call in)

⑤ The company | called 「in」 || all the baby food (made in July). 회사는 | 불러「들였다 ||(7월에 제조된) 모든 아기 식품을. *회수하다.

(cash in)

⑤ He | cashed 「in」 || his chips yesterday.
그는 어제 과로로 죽었다.(ECD1199)

(gather in)

⑤ The farmers | gathered 「in」 || the crops.
농민들은 농작물을 수확했다.(EPV464)

⑤ We | gathered 「in」 || the pumpkins (just in time).
우리는 | 수확해「들였다 || 호박을 (적기에).(NPV)

(get in)

⑤ | Please get || the laundry | in. It's raining.
빨래를 들여놓아요. 비가 오고 있어요.

⑤ We | have to get || coal | in (for the winter).

(겨울을 나기 위해서) 석탄을 들여와야겠다.
❺　　They ｜ got ‖ the hay ｜ in (before the rainy season).
(장마철 전에) 목초를 베어 들였다.

[❺]　　They wanted [｜ to get ‖ the harvest ｜ in (before winter
)].　그들은 [(겨울이 되기 전에) 곡식을 거두기를] 원했다.

(lay in)
「❺」　｜ ｜ laid 「in ‖ a large store of food.
나는 ｜ 두었다 「안에 ‖ 많은 식량을.(GTL68)　*반입하다.

(pull in)
❺　　｜ Pull ‖ your car ｜ in, please.
｜ 넣어 주세요 ‖ 차를 ｜ 안으로.(ECD264)

(put in)
[「❺」]　When do you think [they ｜'ll put 「in ‖ a new phone]?
[새 전화를 언제 가설] 하나요?(ECD695)

(take in)
「❺」　She ｜ took 「in ‖ the washing { when } it began to rain.
그녀는 세탁물을 들여놓았다, 비가 오기 시작할 { 때 }.

(turn in)
[「❺」]　They agreed [｜ to turn 「in ‖ their guns].
그들은 [총기류를 신고하기로] 합의했다.(NQE)

● [유체물 2] 신체·물건에 들기

(신체·물건에 들기)
❶　　At least it ｜'s all in.
최소한 물건은 ｜ 다 들어갔군.(5HP53)

(go in)
❸　　This cork is too big; it ｜ won't go ｜ in.

이 코르크 마개는 너무 크다; 들어가지 않아.

❸   **Negative! It | didn't go | in.**
       틀렸어! 그건 | 가지 않았어 | 들어.

(plug in)

A :   Why isn't this machine working?
      왜 세탁기가 작동이 안되죠?

B :   ❸ **It | isn't plugged | in.**
      전원이 연결되지 않았어요.(TEPS)

(put in)

[❸]   **I want to have a false tooth [| put | in].**
      난 [의치를 해 넣고] 싶어요.(ECD319)

(stick in)

❸   **The nail was old and rusty, but it | stuck | in (the wood).**   그 못은 오래되고 녹슬었지만 (나무에) 박혔다.(EPV254)

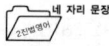
네 자리 문장

(add in)

「❺   **Oh, and | add 「in ‖ this shirt.**
      아참, 이 셔츠도 계산에 넣어 주세요.(ECD347)

(fit in)

❺   **I | fitted ‖ the piece | in.**
      나는 | 맞게 끼워 ‖ 부품을 | 넣었다.

(gather in)

「❺   **The king | majestically gathered 「in ‖ a fold of his ermine mantle.**
      왕은 흰 담비모피로 된 망토 한 자락을 위엄 있게 걷어 올렸다.(TLP48)

(plug in)

「❺   **I | have plugged 「in ‖ the coffeepot.**
      나는 | 전원을 끼워 「넣었다 ‖ 커피포트를.

(put in)

❺   **I | 've already put ‖ the milk | in (the glass).**

나는 이미 (잔에) 우유를 따라버렸다.(EPV254)

⑤ | Put 「in ‖ a little more sugar.
| 넣어라 「안에 ‖ 설탕을 좀 더.

A : I wish you would do something about that dim light.
저 어두운 불빛 어떻게 좀 해봐.

B : 「⑤ I | 'll put 「in ‖ a stronger bulb.
더 강한 전구를 끼울게.(EXD116)

(take in)

⑤ | Take ‖ the horse | in.
| 두어라 ‖ 그 말을 | 들여. *그 말에 돈을 걸라.

「⑤ He | took 「in ‖ the robes.
그는 옷을 집어 입었다.(2HP112)

「⑤ Why don't you | take 「in ‖ the sleebe (a bit)?
소매를 (약간) 줄이는 게 어때요?(ECD621)

[「⑤] The boat began [| to take 「in ‖ water] and soon sank.
배가 침수하기 시작하여 곧 가라앉았다.

(tuck in)

⑤ | Tuck ‖ your shirt | in.
| 집어 ‖ 셔츠를 | 넣어.(2HP42)

⑤ Your shirt is out. | Tuck ‖ it | in.
셔츠가 밖으로 나왔어. 안으로 집어넣어.(EPV336)

[유체물 3] 유행/결실하기

(유행/결실하기)

❶ Cherries | are in.
버찌가 | 한창이다.

❶ Strawberries | are now in.
지금은 딸기가 | 한창이다.

❶ Miniskirts are in (again).

미니스커트가 | (다시) 유행하고 있다.

❶   Short skirts | are **in** (fashion).
    짧은 스커트가 | 유행이야.(OAD)

❶   Large shoulder pads | are **in**.
    넓은 어깨 패드가 | 유행이다.

❶   The tide | is **in**.
    조수가 | 만조이다.

(come in)

❸   Has it (= the lottery) | ever come | **in**?
    그것 (복권) 당첨된 적 있어?(NF30)

❸   Miniskirts | have come | **in** (again).
    미니스커트 | 되었다 | (다시) 유행이.

❸   This fashion | came | **in** (several years ago).
    이 패션은 | 되었다 | 유행, (수년 전부터).

❸   When do strawberries | come | **in**?
    언제 딸기가 | 오지요 | 들어? *나기 시작하다.

❸   But when the crop | comes | **in**, give a fifth of it to Pharaoh.   추수의 오분일은 바로에게 상납하고.(Ge47:24)

(fill in)

「❺   Could you | fill 「**in** ‖ this form?
    이 서식 좀 채워 (기재) 해주시겠어요?(TEPS)

(tie in)

[「❺]   I never thoughts [he | 'd tie 「**in** ‖ the knots].
    나는 생각지 못했어 [그가 매듭을 매리라고].(TEPS) *결혼하다.

[유체물 4] 불리하게 들기/길들기

(불리하게 들기, 길들이기)

❶   The towel | is **in**.
    타올이 던져졌다.

(break in)

❸   This car | is well broken | **in**.
    이 차는 | 길이 잘 다루어져 | 길들어 있다.(EXD130, ECD246)

(seep in)

❸   The rain | is seeping | **in**.
    비가 | 새어 | 든다.(ECD1049)

(break in)

❺   She | broke ‖ the pony | **in**.
    그녀는 그 조랑말을 길들였다.

❺   I can't go on the highway until I | break ‖ this car | **in**.
    나는 차를 길들이기 전에 고속도로 못 나간다.(NQE)

[❺] I hate [| to break 「**in** ‖ new shoes 」, so I always buy
    used ones.   나는 [새 신발 길들이기] 싫어서, 언제나 헌 신발을 산다.(NQE)

(do in)

❺   Your son | did ‖ my car | **in**!
    네 아들이 | 했다 ‖ 내 차를 | 망가뜨리게.(NQE)

(kick in)

❺   He | kicked ‖ the door | **in** { the last time } he lost
    temper.   그는 | 발로 차서 ‖ 문을 | 부수었다 { 지난 번 } 성질을 내어.(EID478)

(throw in)

⑤   We │ 'll throw ‖ this │ **in**.
우리는 │ 던질 게 ‖ 이걸 │ 안으로.(EXD302) *거저 줄게.

「⑤   │ Throw 「**in** ‖ a few more.
덤으로 몇 개 더 주세요.(ECD343)

[「⑤]   I'm about [│ to threw 「**in** ‖ a towel].
나는 [타월을 던지기 (굴복하기)] 직전이야.

(break in)

⑩   I │ 'll break ‖ your car │ **in** ‖ for you.
내가 │ 해 줄게 ‖ 네 차를 │ 길들여 ‖ 널 위해.(ECD248)

■ [재물] 들기

(들기/넣기)

❶   Money │ was **in**.
돈이 │ 들어왔다.

(come in)

[❸]   His family has 2800 dollars [│ coming │ **in** every month].
그의 가족은 2800달러가 [매달 들어오고 있다].

(pour in)

❸   Money │ will pour │ **in**.
돈이 │ 쏟아져 │ 들어올 거야.

(roll in)

❸   The money │ is rolling │ **in** (these days).
(요즘) 돈이 │ 굴러 │ 들어 오고 있다.(EPV255)

[❸]   After I started my new job, the money started [│ to roll

| **in**]. 새 직업을 시작하고 나서 돈이 [굴러 들어오기] 시작했다.(EXD271)

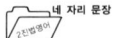

(bring in)

「❺」 My wife's part-time job | brings 「**in**」 ‖ a little extra money. 네 아내의 부업이 | 가져온다 「(집) 안에 ‖ 약간의 잉여 금액을.

(cash in)

〈「❺」〉 I think it's time 〈| to cash 「**in**」 ‖ these stock certificates 〉. 나는 〈 이 증권을 팔아서 돈을 마련해야 〉 할 것 같아.(EID131)

(chip in)

[「❺」] Do you want [| to chip 「**in**」 ‖ some money]? [돈 좀 약간 추렴해] 주겠니.(5HP738)

(kick in)

[❺] We're collecting money to buy Rob a present. Do you want [| to kick ‖ some | **in**]? 롭에게 선물을 사주려고 돈을 걷고 있어. 너도 좀 보탤래?(EID478)

(put in)

❺ If you | put ‖ your two cents | **in**, I |'ll put ‖ my two cents | **in**. 당신이 2센트를 넣으면 나도 2센트를 넣겠어요.(ECD528) *타협하다.

❺ May I | put ‖ my two cents | **in**? 내가 | 넣을까요 ‖ 2센트를 | 안에?(ECD504) *내 생각을 말할까요?

「❺」 If I | put 「**in**」 ‖ my two cents, 내 생각을 말한다면,(ECD502)

「❺」 | Put 「**in**」 ‖ the coins { before } you dial. | 넣어라 「안에 ‖ 동전을, 다이얼 돌리기 전.

「❺」 But A poor widow | put 「**in**」 ‖ two very small coins. 그러나 한 가난한 과부는 매우 작은 두 동전을 넣었다.(Mk12:42)

(rake in)

❺ Some movie stars | really rake ‖ the money | **in**. 영화스타 중에는 정말 많은 돈을 벌어들인 사람들도 있다.(EPV464)

(roll in)

⑤   His family | is rolling「in ‖ wizard gold.
그의 가족은 | 굴러「모아들이고 있다 ‖ 마법 황금을.(2HP29)

⑤   Bill Gates | is rolling「in ‖ money now.
빌 게이트는 | 굴러「들이고 있다 ‖ 지금 돈을.(EID725)

A : We shouldn't take risks like that with our money.
우리 돈으로 그런 모험을 할 수 없어.

B : Don't worry.「⑤ We | will be rolling「in ‖ dough (soon).
걱정 마, (곧) 돈이 굴러 올 테니.(TEPS)

⑤   The safe | is rolling「in ‖ dough.
금고는 | 굴러「들이고 있다 ‖ 돈을. *dough; 밀가루반죽, 돈

(wire in)

⑤   Can you | wire ‖ it (= money) | in (for him)?
(그에게) 돈을 전신 송금해 줄 수 있니?

[서류] 제출하기

(제출하기)

❶   The DNA report | was in.
DNA 보고서가 | 들어와 있다.

(come in)

❸   School reports | came | in { and } Rennie's was good.
학교통신부가 | 왔다 | 들어 { 그리고 } 레니 것은 좋았다.(LEP)

(turn in)

❸   Our essays | have to turn | in (by Friday).
우리 논문은 | 되어야 한다 | (금요일까지) 제출.

(give in)

⑤ Some students | give 「in ‖ their homework (several days early). (며칠이나 일찍) 과제를 제출하는 학생들도 있다.(EPV252)

(hand in)

⑤ I | 've handed ‖ it | in.
난 그걸 제출했다.(3HP430)

⑤ Read you paper { before } you | hand ‖ it | in.
답안지를 내기 { 전에 } 다시 한 번 읽어보세요.(ECD864)

「⑤ You | must all hand 「in ‖ your projects (by the end of next week). 너희는 모두 사업계획을 (다음 주말까지) 제출해야 한다.

A : Haven't you | submitted ‖ your request for a leave of absence? 휴가신청서 아직 제출하지 않으셨어요?

B : 「⑤ Do I | have to hand 「in ‖ the request?
신청서를 꼭 제출해야 하나요?(TEPS)

(mail in)

⑤ You | can mail | it | in.
너는 | 우송하여 ‖ 그것을 | 제출해도 돼.

(send in)

[「⑤] The deadline for [| sending 「in ‖ the reports] is Wednesday. 리포트를 (우송해서) 제출하는 마감일자는 수요일입니다.(EPV252)

A : Have your applied for your scholarship? 장학금 신청했니?

B : Yes, 「⑤ I | 've sent 「in ‖ all the forms.
그래, 모든 신청서를 제출했어.(EXD283)

(turn in)

⑤ We | have to turn ‖ our essays | in (by Friday).
우리는 논문을 (금요일까지) 제출해야 해.

「⑤ He | may turn 「in ‖ a shocking report.
그는 충격적인 보고서를 제출할지 몰라.

「⑤ Time is up. | Turn 「in ‖ your papers.

시간 끝. | 하세요 「제출 ‖ 답안지를.(ECD863)

(turn in)

⟨「⑩」 I only have a day ⟨| to turn 「in ‖ my thesis proposal ‖ to the professor ⟩.
나는 ⟨ 교수님께 제출할 논문 기한이 ⟩ 하루밖에 안 남았어.(TEPS)

● [무체물·형상] 들기

(들기/넣기)

❶   The virus | is **in**. All we can do now is ······ pray.
바이러스가 | (컴퓨터에) 들어갔어. 다음에 할 건 기도뿐.(Ind188)

❶   The fire | is **in**.
불이 | 타고 있다.

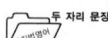

(come in)

❸   The fog | is coming | **in**.
안개가 | 오고 있다 | 들어. *끼기 시작하다.

❸   The tide | is coming | **in**.
파도가 | 오고 있다 | 들어 (밀려).

(roll in)

❸   The fog | rolled | **in**.
안개가 | 굴러 (끼여) | 들었다.(EXD39)

❸   Morning fog | will roll | **in** (some area).
아침 안개가 | 굴러 | 들 겁니다 (일부지역에).(ECD1058)

(set in)

[❸]   The sky looks as [if a storm | may be setting | **in**].

하늘은 보인다 마치 [폭풍이 | 몰려 | 올 것] 같아.(LED)

네 자리 문장

(breath in)

❺ | Breathe ‖ it | **in.**
| 마셔 ‖ 그것을 | 들여. *냄새 맡아봐.

❺ | Breathe ‖ (?) | **in.**
| 마셔요 | (숨을) | 들여.(ECD282)
*( )의 목적어 your breath 가 생략된 형태

(draw in)

「**❺**」 He | drew 「**in**」 ‖ breath (sharply) { and } trembled with fear.   그는 숨을 (세게) 들이쉬 { 고 } 두려움으로 떨었다.(P&P44)

(keep in)

❺ | Keep ‖ the fire | **in** { until } I return.
돌아올 때 { 까지 } 불이 계속 타도록 하라.

❺ The door was unusually thick. It was not to keep the sound out. It was [| to keep ‖ them | **in**].
그 문은 너무 두꺼웠다. 안의 소리를 내보내지 않고 밖의 소리를 들이지 않게 위함이었다.(YAD256)

(let in)

「**❺**」 Small, deep windows | let 「**in**」 ‖ only sparse rays of light.   작고 깊은 창들이 | 했다 「들게 ‖ 가느다란 빛만.(1ER254)

[「**❺**」] The window is open [| to let 「**in**」 ‖ some air].
[환기를 시키기 위해] 창문을 열어 두었다.(#ECD1062)

관념 · 활동

[관념 · 활동 1] 들기/넣기

(들기/넣기)

❶ My luck | was **in**.
운이 | 돌아왔다.

❶ His luck | was **in**.
그의 운이 | 틔었다.

❶ Her serve | was just **in**.
그녀의 서브는 | 바로 선의 안쪽이었다.(OAD)

❶ We can proceed { when } all the evidence | is **in**.
우리는 모든 증거가 가용하게 되{면} 진행할 수 있다.

(come in)

❸ When do the deliveries | come | **in**?
언제 배달이 | 오죠 | 들어요?(ECD797)

(roll in)

❸ Offers of help | are rolling | **in**.
돕겠다는 제안이 | 쇄도해 | 들어온다.

(set in)

❸ I felt wonderful this morning, but suddenly a depression | set | **in**.   난 오늘 아침 기분이 좋았는데 갑자기 우울해지기 시작했다.(EID758)

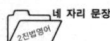

(add in)

⑤   You | can add 「in ‖ any details 〈 that you want to 〉.
〈 원하는 〉 세부 사항은 어떤 것이든 추가해 들여도 된다.(EPV248)

⑤   And | add 「in ‖ the wind chill factor, it feels colder.
게다가 바람 때문에 체감기온이 낮아져 더 추운 것 같아.

(bring in)

⑤   The government | is going to bring 「in ‖ some new tax laws.   정부는 몇 가지 새로운 세법을 도입하려 하고 있다.(EPV361)

(drag in)

⑤   He | is always dragging 「in ‖ [what he wants to talk about].   그는 항상 자기가 하고 싶은 이야기를 뚱딴지 같이 끄집어낸다.(EPV254)

(get in)

[⑤]   I tried [| to get ‖ some work | in before dinner].
나는 [저녁 전에 약간의 일을 하려고] 했다.

[⑤]   I plan [| to get ‖ a few lessons | in].
나는 [약간의 수업을 일정에 넣으려고] 계획한다.

⑤ | Get 「in ‖ some golf (during the summer).
(여름에) 골프 칠 시간을 얼마간 일과에 넣어라.

(hold in)

⑤   I | cannot hold ‖ it | in.
내게 가득하여 참기 힘들다.(Jer6:11)

(pack in)

⑤   John | packed ‖ it all | in { and } retired last year.
존은 일을 그만두 { 고 } 작년에 은퇴했다.(EID651)

(phase in)

⑤   The principal | is phasing 「in ‖ modern teaching approaches.   교장은 최신 교수법을 단계적으로 실행하려 한다.(EPV361)

(put in)

⑤   I | put 「in ‖ a call to Steve (that night).
나는 (지난밤에) 스티브에게 전화를 넣었다.

⑤   I | put 「in ‖ some orders for African green,
난 아프리카 푸른 원숭이의 주문을 넣었다.(RaSi,3HP51)

❺   The sun | put 「in ‖ a feeble appearance.
해가 잠깐 얼굴을 내밀었다.(5HP195)

[「❺]   You are expected [| to put 「in ‖ more effort than last time].   [지난번보다 한층 더 노력을 기울이시기] 바랍니다.(EPV429)

[「❺]   Dont forget [| to put 「in ‖ the "sir."]
["sir"를 붙이는 것을] 잊지 마세요.(ECD88)

[「❺]   He talked so fast [that I | could not put 「in ‖ a word].
그는 너무 빨리 말하므로 [내가 한 마디로 끼어 넣을 수 없었다].

(rub in)

❺ | Don't rub ‖ it | in.
한 소리 자꾸 되풀이 하지 마.(ECD137)

(send in)

「❺   When did we | send 「in ‖ the payment?
언제 우리가 | 보냈니 「송금해 ‖ 돈을?

(squeeze in)

「❺   Mr. King, could you | squeeze 「in ‖ one more visit today?   킹 씨, 오늘 방문을 한 건 더 끼워 넣을 수 있겠습니까?(EPV250)

(throw in)

「❺   Many rich people | threw 「in ‖ large amounts.
많은 부자들은 많은 액수를 던져 넣었다.(Mk12:41)

(toss in)

「❺ | Please do not toss 「in ‖ unnecessary remarks like that.   제발 그런 쓸데없는 말들을 불쑥 던지지 말아 주세요.(EPV249)

(wedge in)

「❺   They | wedged 「in ‖ questions { whenever } they could.
그들은 할 수 있을 때마다 질문을 끼워 넣었어.

(write in)

❺   Here is the contract. You | can write ‖ that point | in.
여기 계약서입니다. 그 조항을 기재해 넣어도 됩니다.(EPV254)

[관념 · 활동 2] 입력하기

(입력하기)

❶   The points | are all **in**.
       점수가 | 모두 집계되었어.(1HP302)

❶   Is my article | **in**?
       내 논설은 | 실려 있나요?

(flow in)

❸   The debate poll result | were flowing | **in**.
       토론의 여론조사 결과가 | 흘러 | 들어오고 있었다.

(fill in)

❺   Please take this application { and } | fill ‖ it | **in**.
       지원서를 가져가서 { 서 } 필요한 내용을 기입해주세요.(EID240)

「❺   Will you | fill 「**in** ‖ your name, place of birth, date of birth, and so on?
       이름, 출생지, 생년월일 등을 기입해 주겠어요?(EPV248)

(pencil in)

❺ | Pencil ‖ it | **in**!
       | 연필로 적어 ‖ 그걸 | 넣어! *일단 적어둬!

(punch in)

「❺   He | punched 「**in** ‖ the file number for Mrs. Plunk.
       그는 | 두들겨 「입력했어 ‖ 플렁크 부인의 파일 번호를.

(reckon in)

[❺]   Are you sure [that you | have reckoned ‖ everything | **in**]? 넌 [모든 것을 계산에 넣은 것이] 확실하니?(EPV254)

(tap in)

「⑤」　I │ tapped 「in ‖ my secret number { and } got the information.　나는 비밀번호를 눌러 { 서 } 그 정보를 입수했다.(EPV246)

(type in)

「⑤」　│ Please type 「in ‖ your name.
│ 타이프 쳐서 「넣어요 ‖ 이름을.(NPV)

[「⑤」]　[│ To type 「in ‖ all these data] will take a full day.
[이 데이터를 전부 입력하려면] 하루가 꼬박 걸릴 것이다.(EPV246)

(wedge in)

「⑤」　They │ wedged 「in ‖ questions { whenever } they could.
그들은 할 수 있을 때마다 질문을 끼워 넣었어.

(work in)

[「⑤」]　She managed [│ to work 「in ‖ some classical references].　그녀는 몇 가지 고전 인용을 그럭저럭 끼워 넣었다.(EPV253)

(write in)

「⑤」　You │ can write 「in ‖ the page numbers (later).
페이지 번호는 (나중에) 적어 넣으면 된다.

● [관념·활동 3] 제출/접수하기

(제출)

❶　Applications │ must be in (by April 30).
지원서는 │ 접수되어야 한다 (4월 30일 까지), (OAD)

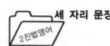

(come in)

❸　The news of a plane crash │ has just come │ in.
비행기사고 뉴스가 │ 방금 왔다 │ 들어.

❸　New weather information │ just came │ in.
새 일기 예보가 │ 방금 왔다 │ 들어.

64 50키워드영어 IN

(bring in)

❺ The jury | brought 「**in** ‖ their verdict (around midnight).
배심원단이 | 가져왔다 「들여 ‖ 평결을 (자정쯤).(NPV) *내리다.

[「❺] It is likely [that the jury | will bring 「**in** ‖ a guilty verdict].
배심원단이 유죄평결을 내릴 것 같다.(EPV253)

● [관념·활동 4] 지각/지득하기

(지각/지득하기)

❶ The view | was **in** and out (because of the clouds).
그 광경은 | 들락날락 했다 (구름 때문에).

❶ (Seconds ago) nothing | was **in** (mind).
(몇 초 전)| 아무 것도 |(마음에) 없었다.

(go in)

❸ However many times the teacher explained, nothing | went | **in**.   선생님이 몇 번이나 설명했는데도 아무 것도 이해되지 않았다.(EPV250)

(sink in)

[❸] It took a long moment for the words [| to sink | **in**].
그 말이 [이해되는 데에는] 긴 시간이 걸렸다.(MG309)

(drink in)

[❺] They drove up to the top of the hill [| to drink ‖ the sight | **in**].
그들은 [경치를 즐기기 위해] 언덕 정상에 운전해 갔다.(NPV)

⑤   They | drank 「in ‖ the beautiful view.
     그들은 | 만끽했다 「들여 ‖ 아름다운 풍경을.(NPV)

[「⑤]   Hermoine seemed [| to be drinking 「in ‖ every word
     〈 Umbridge spoke 〉].
     허모인은 [〈 엄브리지가 하는 〉 모든 말을 흡수하고 있는 것] 같았다.(5HP213)

(take in)

⑤   Harry | couldn't take ‖ it | in.
     해리는 그것을 이해할 수 없었어.(1HP288)

「⑤   He | had not taken 「in ‖ a word of it.
     그는 | 하지 못했다 「이해 ‖ 한 마디도.(5HP725)

[⑤]   I listened to the lecture without [| taking ‖ it | in].
     나는 [이해도 못하면서] 강연을 들었다.

⑤   We | took ‖ the sight | in.
     우리는 | 취했다 ‖ 그 광경을 | 들여. *광경을 보다.

「⑤   Heresay | took 「in ‖ the sight.
     히어세이는 풍경을 구경했다.(Fm203)

「⑤   I | take 「in ‖ a show { when } I'm in New York on
     business.   나는 뉴욕에 사업차 오게 되면 쇼를 본다.(OAD)

「⑤   You | 'll be able to take 「in ‖ a grand view of Manhattan.
     넌 맨해튼의 장관을 볼 수 있다.

A :   「⑤ Would you | take 「in ‖ movie (tonight).
              (오늘밤) 영화구경 갈까?
B :   I'd love to, but I have to work late.
     그러고 싶지만 늦게 까지 일해야 해.(ECD208)

「⑤   He | took 「in ‖ Dumbledore's eccentric appearance.
     그는 | 살펴 「보았다 ‖ 덤블도어의 기묘한 모습을.(6HP269,263)

「⑤   He | still hasn't really taken 「in ‖ his father's death.
     그는 아직도 아버지의 죽음을 받아들이지 못하고 있다.

　　　장소 · 위치

[장소 · 위치] 들기/넣기

(들기/넣기)

❶　　New flooring | was **in**.
　　　새 바닥이 | 깔렸다.

(fall in)

[❸]　Half the ceiling seemed [| to have fallen | **in**].
　　　천장이 절반쯤 [무너져 내린 것] 같았다.(6HP598,621)

(put in)

❸　　New flooring | was recently put | **in** (as well).
　　　최근에 바닥도 (마찬가지로) 새로 다 깔았어요.(DAC)

[❸]　They had a new bath [| put | **in**].
　　　그들은 새 욕조를 [설치] 했다.

(put in)

❺　　We | recently put ‖ new flooring | **in**.
　　　우리는 | 최근에 놓았다 ‖ 새로 바닥을 | 깔아.

(take in)

「❺　　This tour | take 「**in** ‖ each of the five main islands.
　　　이 여행은 주요한 5개의 섬을 포함한다.

「❺　　The king made a gesture, which | took 「**in** ‖ his planet, the other planets, and all the stars.
　　　왕은 신중한 몸짓으로 그의 별과 다른 별들과 떠돌이별들을 가리켰다.(TLP48)

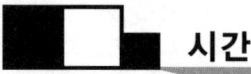 시간

● [시간] 듣기

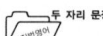 두 자리 문장

(듣기)

❶ Year | **in**, year | out.
해가 | 들고, 해가 | 가고.

❶ Summer | is **in**.
여름이 | 접어들었다.

❶ High summer | is not yet **in**.
한 여름은 | 아직 들지 않았다.(3LR268).

❶ The winter is **in**.
겨울이 | 접어들었다.

❶ When the night | is **in** { and } it's not too wet outside, I update my Journal.
밤이 | 되고, 바깥이 아직 그렇게 젖지 않았을 때, 나는 일기에 최신 정보를 기재했다.

 세 자리 문장

(close in)

❸ Night | is closing | **in**.
밤이 | 다가 | 들고 있다.

❸ The day | is closing | **in**.
하루가 | 저물어 | 들고 있다.

❸ It's September now, and the days | are closing | **in**.
이제 9월이 되어 해가 | 닫고 있다 | 안으로.(EPV139) *짧아지다.

(draw in)

❸ It is now autumn, and the days | are drawing | **in**.
지금은 가을이라서, 해가 | 끌고 있다 | 안으로.(EPV139) *짧아지다.

(enter in)

❸ The month of June | entered | **in**.
　6월 달이 | 들어 | 오게 되었다.(3LR271)

(put in)

❸ It shouldn't matter [where or when the hours | are put | **in**]. [어디에 언제 시간이 투입되느냐] 는 문제가 되지 않아.

(set in)

❸ Winter | has set | **in** (early this year).
　겨울이 | 되었다 | 오게 (금년에는 빨리).

(bring in)

「❺ Where are you | going to bring 「**in** ‖ the New Year?
　어디서 넌 새해를 어디에서 맞이할 거니?

(get in)

❺ I|'m getting ‖ an hour | **in** (before breakfast everyday).
　난 | (공부) 한다 ‖ 한 시간을 | 들여 (매일 조식 전에).(5HP707)

(put in)

❺ He | put ‖ the hours | **in**.
　그는 | 넣었다 ‖ 시간을 | 들여.

「❺ He | put 「**in** ‖ incredible hours.
　그는 | 넣는다 「쏟아 ‖ 엄청난 시간을.

「❺ We | all have to put 「**in** ‖ 5 hours of overtime (on Saturday). 우리 모두 (토요일) 5시간 초과 근무를 해야겠구나.

「❺ Pryce | put 「**in** ‖ twenty-seven months in the Marine Corps. 프리스는 해군에서 27개월을 보냈다.

(ring in)

〈「❺〉 I didn't do anything special 〈| to ring 「**in** ‖ the New Year 〉. I just stayed home.
　나는 새해를 맞는 데 특별한 것을 하지 않았다. 나는 그저 집에 있었다.(EID722)

(usher in)

❺ The new President | ushered 「in」 ‖ an era of change.
새 대통령은 변화의 시대가 도래 했음을 알렸다.(EPV361)

기타 용법

[명사 수식어]

⟨ ⟩   an ⟨ **in** ⟩ **patient.**   ⟨ 입원 ⟩ 환자.
⟨ ⟩   the ⟨ **in** ⟩ **party.**   ⟨ 여 ⟩ 당.
⟨ ⟩   the ⟨ **in** ⟩ **part of a mechanism.**   기계 장치의 ⟨ 내 ⟩ 부.
⟨ ⟩   the ⟨ **in** ⟩ **place to dine.**   ⟨ 인기 있는 ⟩ 식사할 장소.
⟨ ⟩   ⟨ **in** ⟩ **shoes.**   ⟨ 유행하는 ⟩ 구두.
⟨ ⟩   ⟨ **in** ⟩ **words.**   ⟨ 유행 ⟩ 어.
⟨ ⟩   an ⟨ **in** ⟩ **joke.**   ⟨ 동료 사이에만 통하는 ⟩ 농담.
⟨ ⟩   an ⟨ **in** ⟩ **vocabulary.**   ⟨ 자기네 끼리만의 ⟩ 어휘.
⟨ ⟩   the ⟨ **in** ⟩ **side** (team).   ⟨ 공격 ⟩ 측.
⟨ ⟩   the ⟨ **in** ⟩ **train.**   ⟨ 도착 ⟩ 열차.
⟨ ⟩   an ⟨ **in** ⟩ **boat.**   ⟨ 들어오는 ⟩ 보트.
⟨ ⟩   an ⟨ **in** ⟩ **door.**   ⟨ 안쪽으로 열리는 ⟩ 문.

⟨ ⟩   Her new novel is the ⟨ **in** ⟩ **book** to read this summer.
      그녀의 새 소설이 이번 여름 읽을 ⟨ 인기 있는 ⟩ 책이다.

⟨ ⟩   A few years ago jogging was the ⟨ **in** ⟩ **thing**...
      몇 년 전 조깅이 ⟨ 유행 ⟩ 꺼리였다.

⟨ ⟩   It's the only **way** ⟨ **in** ⟩
      그것이 유일한 ⟨ 들어가는 ⟩ 길이야.

⟨ ⟩   Here's a **news flash** ⟨ just **in** ⟩.
      ⟨ 방금 들어온 ⟩ 긴급뉴스.(TS14)

⟨ ⟩   I just work **day** ⟨ **in** ⟩ and **day** ⟨ out ⟩.
      나는 ⟨ 오는 ⟩ 날 ⟨ 가는 ⟩ 날 그냥 일을 했을 뿐이야. *날마다

[부사 수식어]

•   Is | it very **far • in**?
    그건 | 매우 먼 안쪽이니?(5HP752)

- There'll be⌐ one | **farther · in**.
  한 개 (입구) 가 | 더 멀리 안에 있다.(1ER531)
- It|'s a bit **further · in**?
  그건 | 약간 더 안쪽이에요.(5HP753)
- It | gets | better **further · in**.
  | 된다 | 더 좋아, 안으로 들면.(1ER363)

[명사 부속어]

- He | walked | **halfway · in**.
  그는 | 걸었어 | 반쯤 안쪽으로.

[동사 부속어]

- On the following day he did not report to work, nor did he | **call · in**.
  익일 그는 출근 안했고, 결근 · 전화도 안했다.
- I | **called · in** | sick.
  나는 | 결근 · 전화했다 | 아파서.
- I | **called · in** ‖ the company.
  나는 | 결근 · 전화했다 ‖ 회사에.
- He | **called · in** | to say [he was feeling ill].
  그는 | 결근 · 전화했다 | 그가 아프다고 말하기 위해.
- | **Fill · in** (or **· out**) ‖ this form.
  | 기재해요 ‖ 이 서식을 구체적으로.
- Half the courtyard | were **listening · in**.
  안마당에 있는 사람 대부분이 | 열중해 · 듣고 있었다.(2HP97)
- | Don't **look · in**.
  들여다 · 보지마.
- Maybe I | should **put · in** ‖ for overtime.
  아마 내가 | 제출해야 할 거야 ‖ 시간 외 〈 수당청구서를 〉.
- He called Lee { and } | **reported · in**.
  그는 Lee에게 전화해 { 서 } | 못 간다는 · 보고를 했다.

PART 2

~사람·조직 (74)   ~ 신체·정신 (81)   ~사람 짝수형 (101)
~유체물 (108)   ~형상·무체물 (126)   ~물건 짝수형 (131)
~관념·활동 (134)   ~관념·활동 짝수형 (184)   ~장소·위치 (192)
~장소·위치 짝수형 (227)   ~시간 (230)   ~시간 짝수형 (234)
~명사외의 것 (238)   ~기타용법 (245)

사람 · 조직

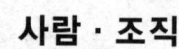 [~사람 1] 들기/안 [사람 → 사람]

(~들기/~안)

❶   God | is **in every man**.
    신은 | 모든 사람 속에 있다. (BH26)

❶   I | **in them** { and } you | **in me**.
    내가 | 그들 안에, 당신께서 | 내 안에 (있습니다). (Jn17:23)

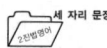

(delight in~)

❸ | Delight | **in the LORD**.
    | 기뻐하라 | 주안에서.

(live in~)

❸   God | lived | **in this Child**.
    하나님은 | 살아 계셨다 | 이 아기 (예수) 안에서. (BH78)

(non-verb in~)

❸   Your father | is alive | **in you**.
    네 아버지는 | 살아있어 | 네 안에. (3HP427)

(delight in~)

❺ | Delight ‖ yourself | **in the LORD**.
    | 기뻐하라 ‖ 네 자신을 | 주안에서. (Ps37:4)

(have in~)

❺   I | have found ‖ a friend | **in John**.
    나는 존이라는 친구를 얻었다.

⑤　**In him** you | have ‖ a fine leader | ∨.
　　너희들에게는 그라는 훌륭한 지도자가 있다.　*∨= in him.

⑤　We | have ‖ a good leader | **in Adams**.
　　우리에게는 아담스라는 훌륭한 지도자가 있다.　*동격 관계

[~사람 2] 들기 / 안 [사물 → 사람]

(~들기/~안)

❶　My interest | is **in you**.
　　내 관심은 | 네 안에 있어.

❶　My hope | is **in you**.
　　내 희망은 | 주안에 있다.(Ps25:21)

❶　It | 's not **in me** [to lie].
　　난 거짓말을 할 사람이 아니다.

❶　He looks like another man when the wine | is **in him**.
　　그는 술이 들어가면, 딴 사람 같아.(ECD456)

[❶]　I'd like to see Mike with [a few beers | **in him**].
　　나는 [맥주 몇 잔이 들어간] 마이크를 보고 싶다.

❶　There was˩ no happiness (or fear) | **in him**.
　　행복 (또는 두려움) 이 | 그에게는 없었다.(5HP18,MG160)

(awake in~)

❸　Something | awoke | **in him**.
　　무언가 | 깨어났다 | 그의 안에서.(1ER431)

(find in~)

❸　Salvation | is found | **in no one else**.
　　구원은 | 발견되지 아니하다 | 다른 이에게는.(Ac4:12)

(get in~)

❸　He was a good guy { until } the beer | got | **in him**.

PART 2 - in~　75

그는 맥주가 들어가기까지는 착한 친구였다.

(reside in~)

[❸]   The constitution says [sovereignty | resides | **in the people**]. 헌법에 [주권은 국민에게 있다고] 쓰여 있다.(EPV530)

(get in~)

❺ | Get ‖ a couple of beers | **in him** and he'll tell you all about it. | 먹여라 ‖ 맥주 몇 잔 | 그에게, 그럼 그가 모두 말할 거야.(Ind40)

(have in~)

❺   I | have ‖ great confidence (or trust) | **in you**.
나는 | 가지고 있다 ‖ 큰 신뢰를 | 네게서.(2Co7:4)

❺   He | had ‖ something of the businessman | **in him** (or his nature).   그에게는 다소 실업가다운 데가 있었다.

❺   You | have ‖ it | **in you**.
넌 | 있어 ‖ 그것이 | 네 안에.(#4HP237) *넌 할 수 있다.

❺   He | had ‖ it | **in him** [to be a great scholar].
그는 위대한 학자가 될 역량이 있었다.(#ECD1118)

❺   He | has ‖ it | **in him** [to do heroic deeds].
그에게는 영웅적인 행위를 할 소질이 있다.

❺   She | has ‖ no pity | **in her**.
그녀는 연민의 정이 없다.

❺   We | have ‖ hope | **in Christ**.
우리는 | 있다 ‖ 희망이 | 그리스도 안에.(1Co15:19)

(impart in~)

❺   He | had imparted 「**in you** ‖ a furious desire for revenge.   그는 | 심었다 「네 속에 ‖ 복수를 위한 강렬한 욕구를.(6HP510)

(put in~)

❺   The disciples | put ‖ their faith | **in him**.
제자들은 | 두었다 ‖ 그들의 신앙을 | 그 안에.(Jn2:11)

❺ | Put ‖ your trust | **in me**.

⑤　| Put ‖ your hope | **in God.**
　　| 두어라 ‖ 네 희망을 | 하나님 안에.(Ps43:5)

(see in~)

⑤　| I | saw ‖ the charming points | **in him.**
　　나는 | 발견했다 ‖ 몇 가지 끌리는 점을 | 그 안에서.

⑤　| I | see ‖ many fine qualities | **in your son.**
　　댁의 아드님은 훌륭한 자질들이 많이 엿보입니다.(EPV530)

⑤　| I | can see ‖ nothing at all extraordinary | **in him** now.
　　난 | 볼 수 없어요 ‖ 특별한 점을 | 그에게서.(Em254)

(take in~)

⑤　He | will take ‖ great delight | **in you.**
　　그가 너로 인하여 기쁨을 이기지 못하시며.(Ze3:17)

⑤　| I | take ‖ great pride | **in you.**
　　너희를 인하여 자랑하는 것도 많으며.(2Co7:4)

[~조직 1] 들기/안 [사람 → 집단·조직]

(~들기/~안)

❶　Father | was **in the army.**
　　아버지는 | 군대에 있었어.

❶　| I | was **in the company** of strangers.
　　나는 | 모르는 사람들 틈에 있었어.

❶　Who | is **in each family?**
　　누가 | 각 가족에 속하니?(1ESL2)

❶　How many | are there **in your family?**
　　너 가족이 | 몇 명이니?

❶　| I | am **in the sales department.**
　　나는 | 판매부에 있어요.

❶　Are they | **in a group?**

그들이 | 일행 중에 있니?(1ESL77)

❶ How many (are there) | **in your group?**
일행 | 몇 분이죠?(ECD419) *there be 생략

A : ❶ How many (people) | **in your party?**
일행 | 몇 분이죠?

B : We have a party of ten.
저희 일행은 10명입니다.(ECD419)

❶ Some came from Ephraim, whose roots | were **in Amalek;** 약간은 뿌리가 아말렉인 에브라임 족속에서 왔다.(Jdg5:14)

(enroll in~)

❸ He signed up for the tennis team when he | enrolled | **in college.** 그가 대학에 들어가서 테니스 팀에 들었다.(EXD278)

(gather in~)

❸ The villagers | gathered | **in groups.**
마을 사람들은 떼지어 모여들었다.

(join in~)

❸ Why don't you | join | **in the class?**
너 | 같이 안 할래 | 이 클래스에?

(remain in~)

❸ I | will remain | **in the world** no longer, { but } they | are still **in the world.**
나는 세상에 더 있지 아니하나 저희는 세상에 있을 것입니다.(Jn17:11)

(serve in~)

❸ He | served | **in the army.**
그는 | 복무했다 | 군에서.

(travel in~)

❸ Are you | travelling | **in a group?**
당신들은 | 여행하나요 | 단체로?(ECD918)

(work in~)

❸   I | work | **in the sales department.**
나는 | 일해요 | 판매부에서.(ECD6)

[❸]   What department does he | work | **in** ∨?
그는 | 근무하죠 | 어느 부서에서?(ECD644)   *∨= what department

(non-verb in~)

❸   John | is above Tom | **in the army.**
존은 | 톰보다 높다 | 군대에서.

❸   Good luck | to you | **in the army.**
군대 가서 행운이 있기를!(DH)

❸   Who | is in charge | **in your home?**
누가 | 가장이니 | 네 집에서는?

❸   You | are an officer | **in the army** of a foreign government.   너는 | 장교다 | 외국 군대에서.(RSR126)

❸   She | is the smartest one | **in the class.**
그녀는 | 가장 똑똑하다 | 학급에서.(EXD499)

네 자리 문장

(get in~)

「❻   I | got ‖ work 「**in that company** at last.
나는 | 얻었다 ‖ 일자리를 「그 회사에 드디어.

❼   Mr. Rich | has got | on | **in the world.**
리치 씨는 출세하게 되었다.

(have in~)

❺   I heard [you | have ‖ a new manager | **in your department**]?   당신 과장님이 새로 오셨다면서요?(ECD1111)

(want in~)

❺   I | didn't want ‖ my little brother | **in the army.**
나는 | 원치 않았어 ‖ 내 동생이 | 군에 있기를.(Chamb348)

(non-verb in~)

❼   She | is next | below me | **in the class.**
그녀는 | 다음이다 | 내 밑 | 학급 석차에서.

[~조직 2] 들기/안 [사물 → 집단 · 조직]

(~들기/~안)

❶　　Centuries it｜'s been **in our family**.
　　　수세기 동안 ｜ 그건 우리 가문에 내려왔다. (6HP207)

　　　cf. I guess like father like son. ❶ It ｜ must be **in genes**.
　　　부전자전인 것 같아. 유전인가 봐. (EXD94)

(go in~)

❸　　It ｜ usually goes ｜ **in families**.
　　　그것은 ｜ 통상 간다 ｜ 집안에서 *내력 (혈통) 이야.

(run in~)

❸　　It ｜ runs ｜ **in my family**.
　　　그것은 ｜ 흐른다 ｜ 집안에 *내력 (혈통) 이야.

❸　　Good looks ｜ run ｜ **in the family**.
　　　잘 생긴 것은 집안의 전통이다. (ECD1126)

(cause in~)

❺　　We don't want [｜ to cause ‖ a rift ｜ **in the family**].
　　　우리는 [가족 간에 틈이 일으키는 것을] 원치 않아. (EXD196)

(have in~)

❺　　We ｜ have ‖ a vacancy ｜ **in personnel department**.
　　　우리는 ｜ 있어요 ‖ 공석이 하나 ｜ 인사부에. (ECD700)

신체 · 정신

[~신체 1] 들기/안 [사람 → 신체]

(~들기/~안)

①   Soon she | was **in his arms.**
         곧 그녀는 | 그의 팔에 안겼다.

①   They |'re **in each other's arms.**
         그들은 | 서로 팔로 얼싸 안았어.(1FND36)

①   The enemies | are **in arms.**
         적들은 | 무장한 상태이다.

①   He | was **in her face.**
         그는 | 그녀 얼굴에 와 있었다.(Pel128)

①   Your servant | is **in your hand.**
         당신의 종이 | 당신 손 안에 있습니다.(Ge16:6)

①   You |'re **in good hands.**
         넌 | 믿고 맡겨도 돼.

①   Mr. Elton and his birde | was **in every body's mouth.**
         엘튼 씨와 그 신부는 | 모든 사람들의 입에 오르내렸다.(Em201)

(get in~)

③ | Don't get | **in my hair.**
         | 있지 마 | 내 머리칼 속에 들어.(ECD139) *귀찮게 하지 마.

③   I'm busy this afternoon. | Please don't get | **in my hair.**
         오늘 오후엔 바쁘니까, 귀찮게 굴지 말라구.

PART 2 – in~   81

 네 자리 문장

(hold in~)

❺ You | held ‖ me | **in your arms**.
당신은 | 안았어요 ‖ 나를 | 당신의 팔로.(TC59,126)

[❺] Would you mind [| holding ‖ my baby | **in your arms** a minute]? [제 아기 잠깐 안아] 주시겠어요?(ECD634)

(lay in~)

❼ Finally Alexander | lay | still | **in his arms**.
결국 알렉산더는 | 누웠다 | 조용히 | 그의 팔 안에.(MG393)

(take in~)

❺ He | took ‖ her | **in his arms**.
그는 | 안았다 ‖ 그녀를 | 그 팔에.(MG213)

● [~신체 1a] 들기 / 안 [사람 → 신체 ; tears]

 두 자리 문장

(~들기/~안)

❶ She | was **in tears**.
그녀는 | 눈물이 글썽했다.(1HP1723)

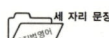 세 자리 문장

(leave in~)

❸ He | had left | **in tears**.
그는 | 떠났어 | 울면서.(Te239)

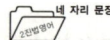 네 자리 문장

(call in~)

「❻ She |'s calling ‖ me 「almost **in tears**.
그녀는 | 전화하고 있다 ‖ 내게 「울상이 되어.(GT90)

(leave in~)

「❻   She | left ‖ them 「**in tears**.
그녀는 | 떠났다 ‖ 그들을 「울면서.(RJ188)

[~신체 2] 들기 / 안 [신체(+정신*) → 신체]

(~들기/~안)

❶   Her hand | was **in his hand**.
그녀 손이 | 그의 손안에 있었다.(5HP583)

❶」   There is」 blood | **in my nasal discharge**.
피가 | 콧물에 있어요.(ECD311) *콧물; 신체의 분비물

❶*   A sound mind | **in a sound body**.
건전한 정신이 | 건강한 신체에.(속담)

(bury in~)

❸   Her face | was buried | **in her arms**.
그녀의 얼굴은 | 파묻혔다 | 그녀의 팔에.

(dwell in~)

❸*   A sound mind | dwells | **in a sound body**.
건전한 정신이 | 깃든다 | 건강한 신체에.(속담)

(bury in~)

❺   She | buried ‖ her face | **in her arms**.
그녀는 | 파묻었어 ‖ 얼굴을 | 팔에.(1HP305)

(have in~)

❺   He | had ‖ his face | **in his hands**.
그는 얼굴을 양손으로 감쌌다.(4HP606)

⑤*   Harry | only had ‖ one thought | **in my head.**
       해리는 | 오직 가졌다 ‖ 한 생각을 | 머리속에.(1HP212)

⑤   I | have ‖ a hard lump | **in my neck.**
       난 | 생겼어요 ‖ 딱딱한 혹이 | 목에.(ECD310)

⑤   I | have ‖ blood | **in stool.**
       난 | 있어요 ‖ 피가 | 대변에. *stool 대변, (등받이가 없는) 걸상, 발판

(hold in~)

⑤   You |'ve never held ‖ your best friend' head | **in your lap.** 넌 | 놓게 한 적이 없다 ‖ 네 친구의 머리를 | 네 무릎에.(GWH72)

(put in~)

⑤   He | put ‖ his face | **in his hand.**
       그는 | 넣었다 ‖ 머리를 | 손 안에.(WS22)

⑤ | So put ‖ your hand | **in mine.**
       | 잡아라 ‖ 네 손으로 | 내 손을.

⑤   I | put ‖ my foot | **in my mouth.**
       나는 | 넣었다 ‖ 내 발을 | 입안에.(ECD39) *실수하다.

(stick in~)

⑤   I | stuck ‖ my foot | **in my mouth.**
       나는 | 찔렀다 ‖ 내 발을 | 입안에.(ECD750) *말이 안나오다.

(wear in~)

⑤   She | wore ‖ her hair | **in pigtails.**
       그녀는 | 한다 ‖ 머리를 | 땋은.(EXD75)

● [~신체 2a] 들기/안[신체 → 신체 ; eye]

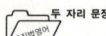

(~들기/~안)

①   There were」 big tears | **in his eyes.**
       큰 눈물방울이 | 그의 눈 안에 있었다.(CC49) *눈물;신체의 분비물

 세 자리 문장

(come in~)

❸   Tears | came | **in his eyes**.
         눈물이 | 나왔다 | 그의 눈에.(CN83)

(gather in~)

❸   Tears | gathered | **in her eyes**.
         눈물이 | 괴었다 | 그녀의 눈에.

(well in~)

❸   Tears | welled | **in Eragon's eyes**.
         눈물이 | 고였다 | 에라곤의 눈 안에.(1ER411)

 네 자리 문장

(stuff in~)

❺   They | stuffed ‖ their fingers | **in their ears**.
         그들은 | 쑤셔 넣었다 ‖ 손가락들을 | 귀에.(4HP100)

[~신체 3] 들기/안 [사물 → 신체]

 두 자리 문장

(~들기/~안)

❶   It |'s **in your blood**.
         그건 | 유전이다.(Te408)

❶   It (= the pain) |'s **in the neck**.
         통증이 | 목에 있다.

❶ـ   There is ـ a slight pain | **in my teeth**.
         약간의 통증이 | 치아에 있어요.(ECD318)

❶ـ*   There was ـ a note of surprise | **in her voice**.
         그녀의 목소리에는 놀란 기미가 있었다. *목소리 : 신체 현상

[❶]   She was born with [a silver spoon | **in her mouth**].
         그녀는 [은수저를 입에] 물고 태어났다.(ECD1215) *좋은 팔자로 탄생

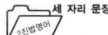

(alternate in~)

❸   Joy and grief | alternated | **in my breast.**
기쁨과 슬픔이 | 엇갈렸어 | 내 가슴 속에.(ECD118)

(form in~)

❸   Pus | formed | **in the wound.**
고름이 | 생겼어요 | 상처 속에.(ECD306)

(get in~)

❸   I've got a lot of crank calls lately. They|'re getting | **in my hair.**   나는 최근 장난 전화가 많아 성가시다.(EXD412)

(carry in~)

「❺   She | carried 「**in her lap** ‖ a pouch 〈 that she frequently looked at 〉.
그녀는 | 있었다 「무릎에 ‖〈종종 그녀가 쳐다보는〉 한 주머니가.(1ER4)

(feel in~)

[❺]   It was pleasant [| to feel ‖ them (= the gold coins) | **in palm**].   [손바닥 안에 금화를 느끼는 것] 은 즐거웠다.(SM20)

(get in~)

❺   She|'s got ‖ ants | **in her back** (or **pants**).
그녀는 안절부절 못하고 있다.

❺   I|'ve got ‖ a terrible pain | **in my back.**
나는 | 있어요 ‖ 심각한 통증이 | 등에. *등이 무척 아파

❺   She|'s got ‖ a charely horse | **in her leg.**
그녀는 | 났다 ‖ 쥐가 | 발에.

❺   I jumped up { and }| got ‖ it | **in the leg.**
뛰어오르다가 다리에 총을 맞았어.

❺   I|'ve got ‖ a crick | **in my neck.**
나는 목에 경련이 나요.

⑤　　Sally got ‖ it │ **in the neck** (for being late this morning).
샐리는 (오늘 아침에 지각해서) 되게 야단맞았다.(EID281)

(have in~)

⑤　　I │ have ‖ pain │ **in the lower abdomen.**
나는 │ 있어요 ‖ 고통이 │ 하복부에.(ECD287)

⑤　　I │ have ‖ a pulling │ **in my back.**
나는 │ 있어요 ‖ 당겨지는 통증이 │ 등에.(ECD307)

⑤　　Hawkins │ allegedly has ‖ alcohol │ **in his blood.**
호킨즈는 음주를 했다고 해요.(DG68)

⑤　　You │ have ‖ a lucky dimple │ **in your cheek.**
넌 │ 있군 ‖ 행운의 보조개가 │ 볼에.(ECD1009)

⑤　　I │ have ‖ a cramp │ **in my foot.**
나는 │ 났어 ‖ 쥐가 │ 발에.(EXD86)

⑤　　I │ have ‖ pins and needles │ **in my leg.**
나는 │ 났다 ‖ 쥐가 │ 다리에.(EXD86) *My leg is asleep.

⑤　　I │ have ‖ an inflammation │ **in my mouth.**
나는 │ 있어요 ‖ 염증이 │ 입 안에.(ECD319)

⑤　　She │ has ‖ a pain │ **in the neck.**
그녀는 │ 있어 ‖ 통증이 │ 목에.

⑤　　I │ have ‖ an itchy sensation │ **in my public region.**
난 │ 있어요 ‖ 가려움증이 │ 음부에.(ECD294)

「⑤　　He │ had 「**in his lap** ‖ the package ⟨ that had just been couriered in ⟩.
그는 │ 가졌어 「무릎에 ‖ ⟨ 방금 배달된 ⟩ 꾸러미를.(RaSi798)

(hear in~)

⑤　　He │ could hear ‖ the fear │ **in her voice.**
그는 │ 들을 수 있었다 ‖ 공포를 │ 그녀 목소리에서.(YAD250)

(put in~)

⑤　　Can't you │ put ‖ a sock │ **in it** (= mouth)?
너 │ 넣을 수 없니 ‖ 양말 하나를 │ 그 (네 입) 안에.
* '입안에 양말을 집어넣어 말을 못하게 하라' 는 의미

⑤　　│ Don't put ‖ words │ **in my mouth!**
│ 넣지 마 ‖ 말을 │ 내 입 안에.(ECD162) *하지 않은 말을 했다고 떼쓰지 마라.

[~신체 3a] 들기/안[사물 → 신체;chest]

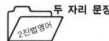

(~들기/~안)

❶   The pain │ was **in his chest** ache again.
       고통이 │ 다시 그의 가슴에 왔다.

(burgeon in~)

❸   A small shoot of hope │ burgeoned │ **in Harry's chest**.
       작은 희망의 싹이 │ 텄다 │ 해리 마음 속에.(5HP56)

(erupt in~)

❸   A boiling hate │ erupted │ **in Harry's chest**.
       끓는 증오가 │ 분출했다 │ 해리의 가슴속에.(3HP339)

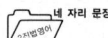

(get in~)

❺   I │ have ‖ a lump │ **in my chest**.
       나는 │ 생겼어요 ‖ 혹이 │ 가슴에.(ECD288)

(have in~)

❺   I │ have ‖ a heaviness │ **in my chest**.
       나는 │ 있어요 ‖ 답답함이 │ 가슴에.(ECD288)

❺   I │ have ‖ a severe chain │ **in my right chest**.
       나는 │ 있어요 ‖ 심한 통증이 │ 오른쪽 가슴에.(EXD85)

[~신체 3b] 들기/안 [사물 → 신체 ; ear]

(~들기/~안)

❶   The song of the pulley | was still **in my ears**.
　　도르래의 노랫소리가 | 내 귀에 아직도 쟁쟁하게 울렸다.(TLP95)

❶ | **In one ear** and out the other.
　　한 귀로 듣고 한 귀로 흘린다.(속담)

(break in~)

❸   Dudley's terrified voice | broke | **in Harry's ear**.
　　두들리의 겁먹은 소리가 | 터져나왔다 | 해리의 귀속에.(5HP16)

(go in~)

❸   Everything | goes | **in one ear** and out the other.
　　모든 걸 한 귀로 듣고 한 귀로 흘린다.(EXD204)

(ring in~)

❸   It | still rings | **in my ears**.
　　그게 | 아직 쟁쟁해 | 귀에.(ECD1152)

❸   The taunt about his father | rang | **in Harry's ears**.
　　그의 아버지에 대한 조롱이 | 울렸다 | 해리의 귀속에.(3HP339)

(get in~)

❺   You | got ‖ wax | **in your ears**?
　　너 | 있니 ‖ 왁스가 | 귀에?(ECD159) *귀가 먹었니?

(roll in~)

❼   It sounds as [though something | is rolling | around | **in my ears**].
　　[귀 안에서 뭔가 굴러다니는 것] 같이 들려요.(ECD309)

[~신체 3c] 들기/안 [사물 → 신체 ; eye]

(~들기/~안)

❶ Beauty | is **in the eyes** of the beholder.
미는 | 보는 사람의 눈에 달려있어.(EXD193) *제 눈에 안경

❶ Smoke | is **in your eye**.
연기가 | 네 눈을 가려.

❶ Dread | was **in his eyes**.
그의 눈에 두려움이 보였어.(1LR399)

❶ Is there any green | **in my eyes**?
푸른색이 | 내 눈에 있니?(ECD160) *내가 어린애인 줄 알아?

(flicker in~)

❸ Something | flickered | **in Black's shadowed eyes**.
무언가 | 번쩍였다 | 블랙의 그늘진 눈 속에.(3HP339)

(get in~)

❸ Smoke | gets | **in your eye**.
연기가 | 가린다 | 네 눈을.(Pops)

(lie in~)

❸ Beauty | lies | **in the eyes** of the beholder.
아름다움은 | 있다 | 보는 이의 눈에.(ECD1237) *제 눈에 안경

❸ Young man's love then | lies not truly in their heart { but } | **in their eyes**.
젊은이들의 사랑은 진정 그들 마음에 있지 않고 눈에 있다.(R&J)

(appear in~)

❼ The sun | appeared | dark | **in my eyes**.
태양은 | 보였다 | 어둡게 | 네 눈에는.(CN221)

90 50키워드영어 IN

(get in~)

⑤ I | 've got ‖ something | **in my left eye**.
난 | 갔어요 ‖ 뭔가 | 왼쪽 눈에 들어.(ECD301,114)

(have in~)

⑤ I | have ‖ discharge | **in my eyes**.
나는 | 있어요 ‖ 눈곱이 | 눈에.(ECD300)

⑤ Jason | always has ‖ stars | **in his eyes**.
제이슨은 장래에 대해 지나치게 낙관적이다.(EID)

(see in~)

⑤ Do you | see ‖ any green | **in my eyes**?
넌 | 보니 ‖ 푸른 것을 | 내 눈에?(ECD970) *날 어린애로 보니?

● [~신체 3d] 들기/안[사물 → 신체;face]

(~들기/~안)

❶ The glory of the day | was **in her face**.
그 날의 영광이 | 그녀 얼굴에 있었다.

❶ There was something | **in his face** and air ⟨ which no one could mistake ⟩.
⟨ 누구도 놓칠 수 없는 ⟩ 무엇이 | 그의 얼굴과 태도에 있었다.(CN654)

(appear in~)

❸ Her comprehension | appeared | **in her face**.
이해하는 표정이 | 떠올랐다 | 그녀 얼굴에.

(have in~)

⑤ He | had ‖ a pistol | **in my face**.

그는 | 대었다 ‖ 피스톨을 | 내 얼굴 안에.(EXO182)

(see in~)

❺ I hear it in your voice, | see ‖ it | **in your face**.
난 네 목소리에서 그걸 듣고, 네 얼굴에서 그걸 본다.(Pops)

 [~신체 3e] 들기/안 [사물 → 신체 ; hand]

(~들기/~안)

❶ The gun | was **in his left hand**.
권총이 | 그의 왼손에 있었다.(Cl18)

❶ The situation | is well **in hand**.
상황은 | 잘 통제되고 있어.

❶ The editing of the manuscripts | is **in hand**.
서류 편집이 | 이루어지고 있어.

(get in~)

❸ If his letter | got | **in the right hand** in Houston, then maybe it would find the right place in Corumba.
편지가 휴스톤 수신처를 제대로 찾게 된다면, 코럼바도 바르게 찾아갈 거야.(Te420)

(carry in~)

❺ He | 'll be carrying ‖ a Wall Street Journal | **in his left hand**. 그는 | 가지고 있을 거야 ‖ WSJ를 | 왼손에.(TDC)

(have in~)

❺ He | had ‖ bright gold coins | **in his hand**.
그는 | 가졌다 ‖ 빛나는 금화를 | 손안에.(SM20)

❺ I | have ‖ it | **in hand**.

내가 그걸 해결할 수 있어.

(hold in~)

「❺   He | was holding 「**in his hands** ‖ a large notebook and pencil.   그는 | 들고 있었다 「그의 손에 ‖ 큼지막한 공책과 연필을.(MT)

(place in~)

❺   He | placed ‖ everything | **in his hand.**
그는 | 두셨다 ‖ 만물을 | 그의 손에.(Jn3:35)

「❺   He | placed 「**in Alladin's hand** ‖ five gold pieces.
그는 | 놓았다 「알라딘의 손안에 ‖ 금화 5닢을.(AN42)

(rub in~)

❺   I | have rubbed ‖ ointment | **in my hand.**
나는 | 발랐다 ‖ 연고를 | 손 안에.

(take in~)

❺ | Take ‖ the staff | **in your hands.**
| 집어라 ‖ 지팡이를 | 네 손으로.(POE)

(want in~)

❺   Trevor | wanted ‖ all the money | **in hand.**
트레보는 | 원했다 ‖ 돈 전부를 | 수중에 갖기를.(Bre297)

● [~신체 3f] 들기/안[사물 → 신체 ; head]

(~들기/~안)

❶   It | 's all **in my head.**
그건 | 모두 내 머리 속에 있다.(WS20)

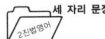

(live in~)

❸   It | lives | **in our heads.**
그건 | 살아있다 | 머리 속에.(LM)

(resound in~)

❸   Her words | were still resounding | **in his head.**
그녀의 말이 | 아직 맴돌고 있었다 | 그의 머리 속에.(3HP325)

(put in~)

❺   I | put ‖ the formula | **in my head.**
나는 | 넣었다 ‖ 공식을 | 머리 안에. *외우다.

[~신체 3g] 들기/안 [사물 → 신체; stomach]

(~들기/~안)

❶   The pain | was **in his stomach.**
고통이 그의 위에 있었다.

(well in~)

❸   A sick, angry feeling | welled | **in his stomach.**
혐오와 분노가 | 고였다 | 그의 배속에.(1ER456)

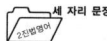

(get in~)

❺   I |'ve got ‖ butterflies | **in my stomach.**
나는 | 있어 ‖ 나비가 | 뱃속에. *가슴이 두근거리다.

(have in~)

❺   I | have ‖ a cramp | **in my stomach.**
나는 | 일어났어요 ‖ 경련이 | 위에.(TEPS)

❺   I | have ‖ gas | **in my stomach.**
나는 | 찼어요 ‖ 가스가 | 위에.(ECD288)

⑤   I | have ‖ gas pangs | **in my stomach.**
나는 | 있어요 ‖ 가스 압박감이 | 위에.(ECD287)

(keep in~)

⑤   I | can't keep ‖ anything | **in my stomach.**
나는 | 받지 않아요 ‖ 음식을 | 위에서.(ECD288)

[~신체 3h] 들기/안[사물 → 신체 ; throat]

(~들기/~안)

❶   There is⌐ an uncomfortable feeing | **in my throat.**
불편한 감이 | 목구멍에 있어요.(ECD310)

[❶]   I feel as [if something | were **in my throat**].
난 [목구멍에 뭔가 걸린 것] 같아요.(ECD311)

(come in~)

❸   A lump | came | **in his throat.**
덩어리가 | 생긴 것 같았다 | 목구멍 안에.(CN83)   *목이 메다.

(stick in~)

[❸]   I can't remove the fishbone [| stuck | **in his throat**].
나는 [목구멍 안에 걸린] 생선뼈를 빼낼 수 없어요.(ECD310)

(feel in~)

❺   I | felt ‖ a lump | **in my throat** (at the scene).
난 | 느꼈다 ‖ 덩어리를 | 목에 (그 장면에).(EXD410)   *목이 메다.

(get in~)

❺   When I asked my girlfriend to marry me, she | got ‖ a lump | **in her throat.**

내가 여자친구에게 나와 결혼하자고 했을 때, 그녀는

❺ I have lost my voice. I |'ve got ‖ a frog | in my throat.
난 목이 쉬었어. 난 | 있어 ‖ 개구리가 | 목구멍에.(ECD311) *목이 쉬다.

(have in~)

❺ I | have ‖ a burning pain | in my throat.
나는 | 있어요 ‖ 화끈거리는 통증이 | 목에.(ECD310)

A : What happened to your voice?
네 목소리, 어떻게 된 거야?

B : ❺ I | have ‖ a frog | in my throat.
난 목이 쉬었어.(EXD89)

[~정신 1] 들기/안[사람 → 정신]

(~들기/~안)

❶ You | will be in my heart.
너는 | 내 마음 속에 있을 거야.

❶ Is she | in her right mind?
그녀는 | 바른 정신이니?(EID431)

❶ I | have been in your mind.
나는 | 네 마음 안에 있었어.(SK)

[❶] I fear [I | am not in my perfect mind].
나는 두려워 [내가 온전한 정신이 아닌 것이].(KL120)

❶ This one |'s in two mind.
이 사람 | 갈피를 못잡아.(5HP579)

❶ He | was deep in thought.
그는 | 생각에 빠져있었어.(1LR352)

❶ You | are in my thoughts everyday.
난 | 매일 너를 생각하고 있어.(ECD554)

❶ She | was in dancing, singing, exclaiming spirits.
그녀는 | 춤추고, 노래하고, 찬탄하는 기분이었다.(Em359)

(lose in~)

❸   Keith | was lost | **in thought**.
키드는 | 빠졌다 | 생각에.(MG471)

A :   [❸] You seem [| to be lost | **in thought**]. What are you thinking about?
너는 [생각에 빠진 것] 같구나. 무슨 생각을 하는데?

B :   Oh, I was just thinking about how much I love you.
오, 내가 너를 얼마나 많이 사랑하는가를 생각하고 있었어.(EID531)

(seem in~)

❸   He | seemed | deep **in thought**.
그는 깊은 생각에 빠진 것같아.(ILR414)

❸   You | seem | to be **in high spirits**.
너 | 보이네 | 기분 참 좋아.

(sit in~)

❸   Frodo | sat (for a while) | **in thought**.
프로도는 | 앉아있었다 (한동안) | 생각에 빠져.(1LR120)

(have in~)

❺   Do you | have ‖ some else | **in mind**?
당신은 | 있어요 ‖ 누군가 사람이 | 마음에 두는?(ECD542)

「❺   I | have 「**in mind** ‖ a certain kind of jew…….
나는 | 있어 「마음속에 ‖ 어떤 종류의 유태인이…….(FP367)

● [~정신 2] 들기/안[사물 → 정신]

(~들기/~안)

❶   Such joy | was **in my heart**.

그런 즐거움이 | 마음속에 있어.(2LR129)

❶   It | has to be **in your mind**.
중요한 것은 네 마음이야.(DH)

❶   No thought ⟨ of remaining there ⟩| were **in their mind**.
⟨거기에 머무른다⟩ 생각은 | 마음에 없었어.(1LR156)

❶   Four words from the book – "take the long view–" | were still **in my mind**.   "멀리 보라."는 네 단어가 | 아직 내 마음속에 있었다.

[❶]   That was [what | was **in his wicked little mind**].
그것이 [그의 사악하고 작은 마음에 있는 것] 이었어.(Ho80)

❶   Something | was **in his mind**.
무언가 | 그의 마음속에 있었다.

 세 자리 문장

(happen in~)

❸   What | 's happening | **in his heart**?
그 마음에 무엇이 일어나고 있니?(Champ)

(surface in~)

❸   A nostalgic memory of Jimmy | surfaces | **in his mind**.
지미에 대한 향수적인 기억이 | 떠올랐다 | 그의 마음에.(Ins368)

(non-verb in~)

❸   The memory | was fresh | **in his mind**.
그 기억은 | 생생했다 | 그의 마음에.(5HP283)

❸   The recent terrorism in America | is fresh | **in our memories**.   미국의 최근 테러가 | 생생하다 | 우리의 기억에.

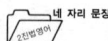 네 자리 문장

(bear in~)

❺   You | must bear ‖ his advice | **in mind**.
너는 | 품고 있어야 해 ‖ 그의 충고를 | 마음속에.

❺   I | would bear | that | **in mind**, Lieutenant.
명심하겠어요, 중위님.(OOA92)

(fix in~)

⑤ | Fix ‖ my words | **in your mind**.
| 고정해라 (새겨라) ‖ 내 말을 | 네 마음 속에.(ECD1208)

(get in~)

⑤ You | got ‖ something | **in your mind**.
너는 | 가지고 있어 ‖ 무언가 | 네 마음속에.

(go in~)

⑦ Something very painful | was going | **on** | **in** Harry's mind. 무언가 고통스러운 것이 | 계속되고 있었어 | 그 마음속에.(1HP56)

(have in~)

⑤ You | have ‖ a special place | **in my heart**.
넌 | 있다 ‖ 특별하게 자리잡고 | 내 마음속에.(ECD554)

⑤ Do you | have ‖ a particular style | **in your mind**?
당신은 | 있어요 ‖ 특별히 좋아하는 스타일 | 마음에 두고?(ECD334)

⑤ What sort of things do you | have ‖ ∨ | **in your mind**?
넌 | 있니 ‖ 어떤 걸 | 마음에 두고?(ECD334) *∨= What sort of things

A : ⑤ What price range do you | have ‖ ∨ | **in mind**, ma'am? 가격대는 얼마로 마음에 두는지요?

B : Under 100 dollars.
100 달러 이하요.(TEPS)

(hide in~)

⑤ I | have hidden ‖ Your word | **in my heart**.
내가 주의 말씀을 내 마음에 두었나이다.(Ps119:11)

(keep in~)

⑤ | Keep ‖ my words | **in your mind**.
| 지켜라 ‖ 내 말을 | 네 마음에.

A : Don't be late to work again.
다시는 지각하지 마세요.

B : ⑤ Yes, I | 'll keep ‖ that | **in my mind**.
명심하겠습니다.(TEPS)

(loom in~)

⑦ Now it | loomed | large | **in her thought**.

이제 그것이 | 떠올랐다 | 크게 | 그녀의 생각 속에.(MG350)

(make in~)

❺ You | 've made ‖ such a wonderful difference | **in my mind.** 당신은 | 만들었다 ‖ 경이로운 변화를 | 내 마음에.(ECD599)

(remain in~)

❼ The movie's story | remains | fresh | **in my memory.**
그 영화 줄거리가 | 남아있다 | 생생하게 | 내 기억속에.(ECD213)

사람 짝수형

[~사람·조직 1] 들기/안 [사람·사물 → 사람·조직]

(believe in~)

❷　I | only believe ‖ **in you.**
　　난 | 믿어요 ‖ 당신만을.(ECD558)

(call in~)

❷　I | can call ‖ **in one of my NIOs** (to tell me he doesn't know). 내가 NIO요원에게 전화해 봐야 (그는 모른다고 말할 거야).(EXO300)

(interest in~)

❷　I |'m not interested ‖ **in you.**
　　난 | 흥미없어요 ‖ 당신에게.(ECD566)

(approach in~)

❹　No one | will ever approach ‖ me ‖ **in public.**
　　아무도 | 접근하지 마 ‖ 내게 ‖ 공중 앞에서.(Fm277)

(catch in~)

❹　I | caught ‖ sight of him ‖ **in the crowd.**
　　나는 | 보았어 ‖ 그의 모습을 ‖ 군중에서.

(graduate in~)

❹　He | graduated | last ‖ **in his class.**
　　그는 | 졸업했다 | 꼴찌로 ‖ 자기 반에서.(ECD869)

(make in~)

❹　| Don't make ‖ a scene ‖ **in public.**
　　| 피우지 마 ‖ 소란을 ‖ 대중 앞에서.

(lose in~)

❹ She | never loses ‖ her temper ‖ **in public.**
그는 | 내지 않아 ‖ 성질을 ‖ 대중 앞에서.(EXD407)

(play in~)

❹ Lincoln's step mother | played ‖ a great part ‖ **in him.**
링컨의 계모는 | 하였어 ‖ 큰 역할을 ‖ 그의 생애에.

(rally in~)

❹ He | rallied ‖ me ‖ **in public.**
그는 | 욕했다 ‖ 나를 ‖ 공개 석상에서.(ECD164)

[~사람·조직 1a] 들기/안 [사람·사물 → 사람·조직 ; person]

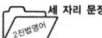

(come in~)

❷ | Please come ‖ **in person** (to get that information).
| 오세요 ‖ 직접 (정보를 얻으러).(ECD683)

(non-verb in~)

❷ They | 're here ‖ **in person.**
그들은 | 여기 있어 ‖ 그들 자신이.(2HP110)

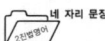

(look in~)

❻ You | look | better ‖ **in person.**
당신은 | 보여 | 더 좋아 ‖ 실물을 보니.(TTK296)

(preside in~)

❻ Our president | will preside | over it ‖ **in person** this time. 회장님 | 주관할 거예요 | 그것에 관해 ‖ 직접 이번에.(ECD740)

(see in~)

❹ Can I tell you when I | see ‖ you ‖ **in person?**
직접 만나서 얘기하면 안될까요?(ECD684)

(take in~)

❽   I | 'll take ‖ care ‖ of it ‖ **in person**.
　　　난 | 할 거야 ‖ 처리 ‖ 그걸 ‖ 직접.(ECD34)

● [~신체 1] 타격행위/상태 [사람·사물 → 신체]

(hurt in~)

❷   He | must be hurt ‖ **in the left arm**.
　　　그는 | 부상당했음에 틀림없다 ‖ 왼팔에.(CN404)

(shoot in~)

❷   Gerald | was shot ‖ **in the back**.
　　　제랄드는 | 총에 맞았다 ‖ 등에.(LFP198)

(strike in~)

❷   He | had been struck ‖ **in the stomach**.
　　　그는 | 두들겨 맞았다 ‖ 복부를.(1ER431)

(touch in~)

❷   He | 's a little touched ‖ **in the head**.
　　　그는 | 약간 돌았어 ‖ 머리가.(ECD1116)

(wound in~)

❷   He | was wounded ‖ **in the leg**.
　　　그는 | 다쳤다 ‖ 다리를.

(elbow in~)

❹   George Weasely | elbowed ‖ Bole ‖ **in the face**.
　　　조지 위즐리가 | 팔꿈치로 쳤다 ‖ 볼을 ‖ 얼굴을.(3HP309)

(get in~)

❹   I Got ‖ you ‖ **in the face**, did he?

그가 당신을 얼굴을 공격했죠?(6HP203)

(hit in~)

❹ The ball | hit ‖ him ‖ **in the eye**.
공이 | 쳤어 ‖ 그를 ‖ 눈을.

❹ Shut up! Or I | 'm going to hit ‖ you ‖ **in the mouth**.
입 닥쳐! 안 그러면 주둥이를 쳐버릴 테니까.(ECD135)

(kick in~)

❹ He | kicked ‖ me ‖ **in the teeth**.
그는 | 찼다 ‖ 나를 ‖ 이빨 안에.(#ECD172)

(nudge in~)

❹ Harry | nudged ‖ Ron ‖ **in the rib**.
해리는 | 찔렀다 ‖ 론을 ‖ 옆구리를.(3HP320, 4HP336)

(poke in~)

❹ Someone | had poked ‖ Ron ‖ **in the back of the head**.
누군가 | 찔렀다 ‖ 론을 ‖ 뒤통수를.(1HP222)

(prod in~)

❹ Harry | prodded ‖ Ron ‖ **in the arm**.
해리는 | 찔렀다 ‖ 론을 ‖ 팔을.(2HP281, 3HP88)

(push in~)

❹ Hermoine | pushed ‖ Harry ‖ hard **in the back**.
허마니는 | 밀었다 ‖ 해리를 ‖ 세게 등을.(4HP327)

(shoot in~)

❹ Hussein | shot ‖ himself ‖ **in the foot** { when } he invaded Kuwait. 후세인이 쿠웨이트를 침공한 것은 제 발등을 쏜 것이다.(EXD441)

(slap in~)

❹ I | 'll slap ‖ him ‖ **in his face**.
내가 | 갈기겠다 ‖ 그를 ‖ 따귀를.(ECD144)

(stab in~)

❹ The Narnian traitor | has stabbed ‖ him ‖ **in the back**.
나니아 배신자가 | 찔렀다 ‖ 그를 ‖ 등을.(CN406)

(strike in~)

❹ One of the officials | struck ‖ him ‖ **in the face**.
관리 중 한 명이 | 쳤다 ‖ 그를 ‖ 얼굴을.(Jn18:22)

(jab in~)

❽ Harry | jabbed ‖ him ‖ **in the back** ‖ with his wand.
해리는 | 쿡 찔렀다 ‖ 그를 ‖ 등을 ‖ 막대기로.(2HP301).

● [~신체 2] 비타격행위 / 상태 [사람 → 신체]

(look in~)

❷ I | looked ‖ **in the face**.
나는 | 보았어 ‖ 그 얼굴을.

(touch in~)

❷ He | 's touched ‖ **in the head**.
그는 | 돌았다 ‖ 머리가.(5HP159)

(non-verb in~)

❷ He | is blind ‖ **in one eye**.
그는 한쪽 눈이 보이지 않는다.

❷ She | was very red ‖ **in the face**.
그녀는 | 매우 홍조였다 ‖ 얼굴이.(5HP112)

❷ You | 're not right ‖ **in the head**.
너 머리가 이상한가 봐.(TS)

(gaze in~)

❹ He | gazed ‖ her ‖ **in the face**.
그는 | 응시했어 ‖ 그녀를 ‖ 얼굴에.

(go in~)

❻ He | went | red ‖ **in the face** { when } I mentioned the girl's name.   내가 그 소녀의 이름을 대니 { 까 } 그는 | 되었어 | 빨갛게 ‖ 얼굴이.

(look in~)

❹ | Look ‖ me ‖ straight **in the eye**.
　| 쳐다봐라 ‖ 나를 ‖ 내 눈을 똑바로.

❹ He | looked ‖ me ‖ **in the face**.
　나는 | 보았어 ‖ 그를 ‖ 얼굴 정면을.

❻ Why do you | look ‖ so <u>down</u> ‖ **in the mouth**?
　왜 그렇게 낙담한 표정을 짓고 있니?

(stare in~)

[❹] It is rude [| to stare ‖ others ‖ **in the face**]?
　[남의 얼굴을 빤히 쳐다보는 것은] 실례다.(ECD1136)

[~신체 3] 들기 / 안 [사물 → 신체]

(non-verb in~)

❷ It | 's a little big ‖ **in the hip** (or **in** the bust).
　그건 | 조금 큽니다 ‖ 엉덩이 (또는 가슴) 가.(ECD359)

❷ It | 's a real kick ‖ **in the teeth**.
　그건 정말 뜻밖의 낭패였다.(ECD172)

❷ It | 's a slap ‖ **in the face**.
　그건 | 한 방 맞음이다 ‖ 뺨에.(EXD172) *모욕당하다.

(get in~)

❹ The bullet | got ‖ him ‖ **in the arm**.
　탄환이 | 맞았다 ‖ 그에게 ‖ 팔에.

❹ The blow | got ‖ him ‖ **in the face**.
　그 타격이 | 가해졌다 ‖ 그에게 ‖ 얼굴에.

❹   The bullet | got ‖ the bird ‖ **in the leg.**
    탄환이 새의 다리에 맞았다.

(look in~)

❹ | Don't look ‖ gift horse ‖ **in the mouth.**
     | 보지 마라 ‖ 선물 받은 말 ‖ 입을.(ECD33) *선물 흠을 잡지 마라.

(slam in~)

❹   You | slammed ‖ the door ‖ **in his face.**
    너는 | 쾅 닫았어 ‖ 문을 ‖ 그의 면전에서. *퇴짜 놓다.

[~정신] 들기 / 안 [사람 → 정신]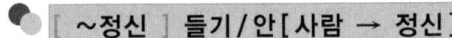

(move in~)

❷   He | was deeply moved ‖ **in spirit** { and } troubled.
    그는 | 감동되고 번민했다 ‖ 마음속으로.(Jn11:38)

(unite in~)

❷ | Be united ‖ **in mind** and thought.
     | 연합하라 ‖ 같은 마음과 생각으로.(cf.1Co 1:10)

(worship in~)

❷   His worshipers | must worship ‖ **in spirit** and in truth.
    그의 예배자들은 | 예배해야 한다 ‖ 신령과 진리로.(Ze3:17)

(worship in~)

《❹》 God seeks people ⟨ | to worship ‖ him ‖ **in spirit** and in truth ⟩. 하나님은 ⟨ 그를 신령과 진리로 예배하려는 ⟩ 사람을 찾으신다.

 유체물

[~유체물 1] 착용 [사람 → 착용물]

(~착용)

❶ I│'m always **in** these clothes.
난 │ 늘 이 옷을 입어.(ECD1012)

❶ She │ is **in the red dress**.
그녀는 빨간 │ 옷을 입고 있다.

A : May │ come in, Jane?
들어가도 돼? 제인.

B : ❶ No. I│'m not decent. I│'m **in my birthday suit**.
아니, 벗은 채야. 난 │ 알몸 (= 태어날 때 입은 옷) 상태야.(EXD67)

❶ Everybody │ was **in their pajamas**.
모두가 │ 잠옷 바람이었다.(2HP339,5HP476)

❶ I didn't bring my hiking boots either, so I│'m just **in my tennis!** 나는 등산화를 가지고 오지도 않았어, 그래서 나는 │ 테니스화만 신고 있어.

(dress in~)

❸ He │ was dressed │ **in his running shorts** only.
그는 │ 입고 있었어 │ 달리기용 반바지 만.(Pt41)

❸ She │ was dressed │ **in a beautiful suit**.
그녀는 │ 입고 있었다 │ 예쁜 옷을.

(shake in~)

❸ He │ was shaking │ **in his boots**.
그는 │ 벌벌 떨고 있어 │ 장화 속에 숨어. *겁먹고 떨고 있다.

(swim in~)

③　　　The little boys │ were swimming │ **in** their birthday suits.
　　　　　꼬마들이 │ 수영하고 있어 │ 알몸으로.(EXD67)

(non-verb in~)

③」　　To the side was」Hrothgar │ **in** dark robes.
　　　　　옆에 있었다」로트가가 │ 검은 옷을 입고.(2ER55)

(come in~)

「⑥　　 They │ will come to ‖ you 「**in** sheep's clothing.
　　　　　양의 옷을 입고 너희에게 나아오니.(Mt7:15)

⑦　　　│ Please come │ in │ **in** your shoes.
　　　　　│ 와요 │ 들어 │ 신을 신은 채.

⑦　　　│ Just come │ over │ **in** your casual clothes.
　　　　　│ 와요 │ 넘어 │ 가벼운 차림으로.(ECD829)

(get in~)

⑦　　　She │ got (herself) │ up │ **in** her best clothes.
　　　　　그녀는 │ 입었다 │ 차려 │ 가장 좋은 옷을.

(go in~)

⑦　　　He │ went │ dancing │ **in** a silk suit.
　　　　　그는 │ 갔다 │ 춤추러 │ 실크 정장을 입고.

(have in~)

⑤　　　Let's do something! I'm bored. │ │ have ‖ ants │ **in** my pants.　우리 뭔가 하자! 나, 심심해. 안달이 나서 어쩔 줄 모르겠어.(EID363)

[⑤]　　You seemed [│ to have ‖ lead │ **in** your pants].
　　　　　넌 [바지에 납을 넣어다니는 것] 같아.(ECD97) *꾸물거리다.

(hide in~)

⑤　　　She │ hid ‖ it │ **in** her clothes.
　　　　　그녀는 │ 숨겼다 ‖ 그것을 │ 그녀의 옷 속에.(KA12)

(look in~)

⑦　　　He │ looks │ good │ **in** a suit.
　　　　　그는 │ 보인다 │ 좋아 │ 양복을 입으면.(TAT36) *양복이 어울린다.

❼ You | look | lovely | **in those glasses.**
너는 | 보여 | 사랑스럽게 | 그 안경을 쓰니.(GWH66)

❼ You | look | really sharp | **in that suit!**
너 그 정장 입으니 너무 잘 어울린다!

❼ You | look | stunning | **in that coat.**
너 | 보여 | 멋져 | 그 코트 입으니까.

(recognize in~)

❺ I | didn't recognize ‖ him | **in that getup!**
나는 | 못 알아봤다 ‖ 그를 | 별난 옷차림이라서!(EXD68)

[~유체물 1a] 착용 [사람 → 착용물 ; shoe]

(~착용)

❶ You | are not **in my shoes.**
너는 | 내 입장에 있지 않아.

[❶] I'd hate [| to be **in Bob's shoe**].
나는 [밥의 입장이 되기는] 싫어.

A : ❶ What would you do { if } you | were **in my shoes**?
당신이 내 입장이라면, 어떻게 하시겠어요?

B : I definitely go for it.
나라면 당연히 해 볼 거예요.(TEPS)

(put in~)

❸ If I | was put | **in his shoes,** I'm sure I'd be a little upset too.   네가 | 놓였다면 | 그의 입장에, 나 역시 분명히 어느 정도 화났을 걸.

(walk in~)

❸ If the woman | could walk | **in my shoes,** for a while ⋯
만일 그녀가 잠시만 내 입장이 되어 본다면 ⋯ (EXD189)

(do in~)

❻ What would you | do ‖ ∨ 「**in** my shoes?
네가 내 입장이라면 어떻게 할래?(ECD496,EXD189) *∨ = What

(put in~)

❺ | Put ‖ yourself | **in** my shoes (or place).
| 놓아봐 ‖ 너 자신을 | 내 입장에.(ECD492,EXD189)

● [~유체물 2] 들기/안 [사람 · 사물 → 이동수단]

(~들기/~안)

❶ He | is **in** the car.
그는 | (소형) 차 안에 타 있어.

❶ He | was **in** his car.
그는 | 그의 차 안에 타 있었다.

❶ We |'re all **in** the same boat.
우린 | 모두 한 배에 타 있어.(2HP268,EXD189) *같은 입장이다.

(get in~)

❸ | Get | **in** my car.
| 타라 | 내 소형차에 타라.

❸ My friend | got | **in** his car and drove directly home.
내 친구는 차를 타고 바로 집으로 몰고 갔다.

❸ He | got | **in** the train.
그는 | 탔다 | 열차 안에.

❸ My sister | got | **in** the plane.
내 동생은 | 탔다 | 비행기 안에.

❸ I | got | **in** a taxi.

나는 | 탔다 | 택시 안에.

(ride in~)

❸　Can I | ride | **in your boat?**
　　나 | 타도 돼 | 너 보트에?

[❸]　I | 'd like to ride | **in the helicopter.**
　　난 | 타고 싶어 | 저 헬리콥터에.

(seat in~)

❸　Diane and Kelly | were seated | **in a crowded subway car.**　다이엔과 켈리는 | 자리 잡고 있었다 | 만원 지하철 안에.(YAD259)

(get in~)

❺　I | got ‖ him | **in my car.**
　　난 | 태웠다 ‖ 그를 | 내 소형차에.

(go in~)

❼　He | went | down | **in the elevator.**
　　그는 | 갔다 | 내려 | 승강기로.

(have in~)

❺　You | shouldn't speed { when } you | have ‖ a baby ‖ **in your car.**　차에 아기가 타고 있을 { 때 } 속력을 내면 안된다.(TEPS)

「❻　He | had | an accident「**in his new car.**
　　그는 | 당했다 ‖ 사고를「새 차를 타다가.(ECD15)

(lose in~)

❺　I | lost ‖ it (= my passport) | **in the bus** this afternoon.
　　난 | 분실했다 ‖ 그것을 | 오후 버스 안에서.(ECD927)

(put in~)

❺　We | put ‖ the picnic things | **in the car.**
　　우리는 | 실어어 ‖ 피크닉 물건을 | 차에.

(stand in~)

「❻　We | had to stand ‖ all the way back「**in the bus.**
　　우리는 | 서 있어야 했다 ‖ 돌아오는 길 줄곧「버스에서.(ECD228)

[~유체물 3a] 들기/안[사람·사물 → 보관수단;상자류]

(~들기/~안)

❶   This soup | is **in a can**.
　　이 수프는 | 깡통에 들어 있다.

❶   Might be some serous skeletons **in his closet**.
　　약간의 심상치 않은 해골(비밀)들이 장롱에 있는지 몰라.(Chamb213)

❶   The towels | are **in the cupboard**.
　　수건들은 | 찬장에 있다.

(come in~)

❸   This soup | comes | **in a can**.
　　이 수프는 | 나온다 | 깡통에 넣어져.

(go in~)

❸   The towels | go | **in the cupboard** in the bathroom.
　　수건들은 | 간다 | 목욕탕의 찬장에 들어. *둔다.

(hang in~)

〈❸〉   clothes 〈| hanging | **in the wardrobe** 〉.
　　〈옷장 안에 걸려 있는〉 옷들.

(put in~)

❸   The toys | were put | **in the box**.
　　장난감들은 | 넣어졌다 | 상자 안에.

(deposit in~)

[❺]   I was advised [| to deposit ‖ my valuables | **in the hotel safe**].   [호텔금고에 내 귀중품을 맡기라고] 하던대요.(EXD263)

(find in~)

⑤   You | 'll find ‖ it | **in that box.**
      너는 | 그것을 ‖ 저 상자 속에서 | 찾을 것이야.

(get in~)

⑤   Everybody | has ‖ a skeleton | **in his closet.**
      누구나 | 있어 ‖ 해골이 | 장롱에.(속담) *누구나 비밀 (약점) 이 있다.

A :   ⟨⑤⟩ The only thing ⟨ we | have ‖ ∩ | **in the fridge** ⟩ is just cold pizza.
      ⟨ 냉장고에 있는 ⟩ 건 식어빠진 피자 뿐이야. *∩ = thing

B :   It's better than nothing.
      그래도 없는 것보다 나아.(TEPS)

(jam in~)

⑤   I | have jammed ‖ jam | **in my jam pot.**
      나는 | 집어넣었다 ‖ 잼을 | 잼 항아리 안에.

(put in~)

⑤   The child | put ‖ the toys | **in the box.**
      그 애는 | 넣었다 ‖ 장난감들을 | 상자 안에.

⑤ | Don't put (or have)‖ all the eggs | **in one basket.**
      한 사업에 전 재산을 걸지 말아요.(ECD1043)

(squeeze in~)

⑤   I | have squeezed ‖ things | **in the box.**
      난 | 압착하여 ‖ 물건을 | 상자에 넣었다.

(squish in~)

⑤   I | have squished ‖ my empty picnic lunch box | **in a trash can.**   난 | 짓눌러 ‖ 빈 소풍 도시락 곽을 | 쓰레기통에 넣었다.

(throw in~)

⑤   He | threw ‖ the letter | **in the wastebasket.**
      그는 | 던졌다 ‖ 그 편지를 | 휴지통 안에.

[~유체물 3b] 들기/안 [사람·사물 → 보관수단 ; 가방류]

(~들기/~안)

❶ Her watch | was **in a bag**.
그 시계는 | 백 안에 있었다.(Pel432)

❶ It | 's **in the bag**.
이미 돈을 번거나 다름없어.(Champ)

❶ His reelection | is **in the bag**.
그는 재선을 굳혔어.(ECD1194)

A : ❶ What | was **in your wallet**?
무엇이 | 지갑 안에 있었어요?

B : ❺ I | had ‖ my passport, money and check | **in it**.
여권, 돈, 그리고 수표가 들어있었어요.(ECD929)

(go in~)

❸ Will these clothes | go | **in your suitcase**?
이 옷들이 | 가니 | 네 가방에 들어?

(put in~)

❸ The key | was put | **in her bag**.
열쇠는 | 넣어져 있었다 | 그녀의 백에.

(carry in~)

A : ❺ What do you | carry ‖ ∨ | **in your purse**?
너는 | 다니니 ‖ 무엇을 | 지갑에 넣어? *∨ = What

B : Just things.
그냥 이것저것들.(EXD108)

(crush in~)

❺ I | have crushed ‖ clothes | **in the suitcase**.

너는 | 구겨 눌러 ‖ 옷들은 | 가방에 넣었다.

(get in~)

⑤   What have | you got ‖ V | **in that bag**?
너는 | 가지고 있니 ‖ 무엇을 | 그 백에? *V= What

⑤   You | 've got ‖ it | **in the bag**.
넌 | 가졌다 ‖ 그걸 | 백안에.(ECD1030) *틀림없이 승진한다.

⑦   The doll | got | all crushed | **in the baggage**.
인형이 | 되었다 | 모두 부서졌다 | 가방 속에서.(EXD355)

(have in~)

⑤   Martha will do whatever I ask her to do. I | have ‖ her | **in my pocket**.
마르샤는 내가 부탁하면 뭐든지 할거야. 내가 그녀를 잡았거든.(EID378)

(pile in~)

⑤   I | have pilled ‖ books | **in the suitcase**.
너는 | 쌓아올려 ‖ 책들을 | 가방에 넣었다.

(put in~)

⑤ | Please put ‖ these papers | **in my briefcase** (that file). | 넣어요 ‖ 이 서류를 | 내 서류가방 (저 서류철) 안에.

⑤   Would you | put ‖ this | **in a bag** please?
이걸 가방에 넣어 주시겠어요?(ECD351)

⑤   Dad | put ‖ the keys | **in his pocket**.
아빠는 | 넣었다 ‖ 열쇠를 | 호주머니에.

⑤   He | put ‖ his conscience | **in his pocket**.
그는 양심 같은 것은 아랑곳하지 않는다.(ECD1116)

⑤ | Put ‖ these books | **in your suitcase**.
이 책들을 너의 여행 가방에 넣어라.

(squash in~)

⑤   I | have squashed ‖ bills | **in the trunk**.
난 | 짓눌러 ‖ 돈을 | 트렁크에 넣었다.

(tuck in~)

⑤   I | have tucked ‖ my handkerchief | **in my pocket**.
난 | 집어넣었다 ‖ 손수건을 | 포켓에.

[~유체물 4] 들기/안 [사람·사물 → 가구]

(~들기/~안)

❶ She | is **in bed**.
그녀는 | 침대 안에 들어 있어.

❶ She | is **in bed** (with a cold).
그는 | 누워 있다 (감기로).

(lie in~)

❸ Harry | is lying | **in bed** (watching TV).
해리는 | 누워 있다 | 침대에서 (TV를 보면서).

(sit in~)

❸ | Please sit | **in that chair**.
| 앉아요 | 저 의자 (안) 에.

(grind in~)

❻ I | grind ∥ my teeth 「**in my bed**.
나는 | 간다 ∥ 이를 「잠잘 때.(ECD1185)

(held in~)

❺ His curiousity | held ∥ him | **in his chair**.
호기심이 | 잡았다 ∥ 그를 | 의자에 머물도록.(4HP523)

(lie in~)

❼ She | lay | awake | **in bed**.
그녀는 | 누워있었다 | 깨어 | 침대에.(BPE34)

(sit in~)

❼ Faramir | was sitting | there | **in his chair**.
파라미르는 | 앉아 있었어 | 거기에 「의자에.(2LR334)

(want in~)

❺ I | want ‖ you | **in bed** (now).
난 | 원해 ‖ 너를 | (지금) 자는 것을.(5HP96)

[~유체물 5] 들기/안 [물건 → 투입/유입대상]

(~들기/~안)

❶ The dinner |'s **in the oven**.
저녁은 | 오븐 안에 있다.

❶」 There was」 a sword | **in the stone**.
하나의 검이 | 돌 안에 있었다.(KA2)

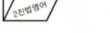

(soak in~)

❸ The water | has soaked | **in the paper**.
물이 | 스며들었다 | 종이에.

(trickle in~)

❸ The water | has trickled | **in the ship**.
물이 | 조금씩 새어 들었다 | 배 안에.

(drive in~)

❺ I | have driven ‖ a nail | **in the pillar**.
나는 | 박았다 ‖ 못 한 개를 | 기둥 속에.

(get in~)

❼ My shoes | got | dirty | **in the mud**.
구두가 진창에서 더러워졌다.

❼ The car | got | stuck | **in the mud**.
차가 진흙 속에 처박혔다.

(hammer in~)

⑤   I | have hammered || a rivet | **in the steel.**
나는 | 박아 || 리벳 한 개를 | 강판에 넣었다.

(look in~)

⑤   You | have || a bun | **in the oven,** haven't you?
너 | 가졌군 || 빵을 | 오븐안에, 그렇지?(EXD101). *임신하다.

(pump in~)

⑤   I | have pumped || the air | **in the tire.**
나는 | 펌프하여 || 바람을 | 타이어에 넣었다.

(put in~)

⑤ | Put || the plug | **in the sink** before you fill it with water.   싱크대에 물을 채우기 전에 마개부터 막아라.

⑤ | Would you | put || air | **in the tires?**
당신은 | 넣어 주시겠어요 || 바람을 | 타이어에?(ECD249)

[⑤]   I need [| to put || some more coins | **in my parking meter**].   난 [주차미터기에 동전을 좀 더 넣어야] 해.(ECD264)

(set in~)

⑤   The jeweler | set || the rubies and emeralds | **in the crown.**   보석 세공인은 왕관에 루비와 에메랄드를 박아 넣었다.(EPV255)

[~유체물 6] 들기/안[사람·사물 → 기록/묘사수단]

(~들기/~안)

❶   He | was **in the newspaper.**
그는 | 신문에 났다.(ECD1078)

❶   He | was **in all the Chicago newspapers.**
그는 | 모든 시카고 신문에 나와 있었다.(GG178)

❶   The election results | are **in the paper** this morning.
선거결과가 | 오늘 아침 신문에 나와 있어.(ECD1196,6HP465)

A :   ❶ Are there any decent jobs | **in the paper?**
       괜찮은 일자리가 | 신문에 났나요?

B :   Yes, there's one for tour guide.
       네, 관광안내원 자리가 하나 있어요.(TEPS)

❶   It | 's all **in the letter.**
     모든 것이 | 편지 안에 써 있어.(Zhi)

❶   What | 's **in the letter?**
     무엇이 | 편지 안에 쓰여 있니?(Zhi)

❶   Are you | **in the photo?**
     너는 | 사진에 찍혀 있니?

(advertise in~)

❸   Is this | advertised | **in the newspaper?**
     이것은 | 광고 되었나요 | 신문에?(ECD335)

(come in~)

❸   We | came | **in the newspapers.**
     우리가 | 났다 | 신문에.

❸   It | came | **in the newspapers** < about her >.
     〈그녀에 관한〉 것이 | 났다 | 신문에.

(list in~)

[❸]   How would you like your name [| to be listed | **in the phone books**]?
       선생님 성함을 어떻게 [전화번호부에 실을] 까요?(ECD695)

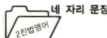

(advertise in~)

《❺》   I'm interested in applying for the job < you | advertised || ∩ | **in the newspaper** >?
        저는 〈 신문에 광고를 내신 〉 그 자리에 지원할까 합니다.(ECD699) *∩ = the job

(come in~)

❼ She | always comes | out well | in photos.
그녀는 | 항상 온다 | 잘 나 | 사진에.

(place in~)

❺ | Why not place ‖ a help-wanted ad | in the classified?
| 내지 그래 ‖ 구인광고를 | 광고란에?(TEPS)

(put in~)

❺ We | put ‖ an ad | in the daily paper.
우리는 | 냈다 ‖ 광고를 | 일간지에.(ECD1150)

❺ Can I | put ‖ that | in tomorrow's edition?
내가 | 내도 될까요 ‖ 그 사실을 | 내일 신문에?

(read in~)

❺ I | read ‖ that | in today's paper.
나는 그것을 오늘 신문에서 읽었다.

❺ I | read ‖ an interesting article | in the paper.
나는 | 읽었다 ‖ 한 흥미있는 기사를 | 신문에서.(3TAT74)

(see in~)

❺ I | saw ‖ that | in an ad.
난 | 보았어 ‖ 그걸 | 광고에서.(TEPS)

(come in~)

⑮ You | come | out | beautiful | in this picture.
넌 | 왔다 | 나 | 예쁘게 | 이 사진에.(ECD201)

● [~유체물 7] 들기/안 [사람 · 물건 → 음식물]

(~들기/~안)

❶ What | 's in it?
뭐가 | 그 안에 있죠?(ECD823)

❶ There is▹something strange | **in my food.**
이상한 것이 | 내 음식에 있어요.(ECD434)

 세 자리 문장

(put in~)

❸   Poison | was put | **in food.**
독이 | 들었다 | 음식에.

 네 자리 문장

(have in~)

❺   I | don't have ‖ my finger | **in the pie.**
난 | 하지 않는다 ‖ 손가락을 | 파이에 넣지.(ECD1171) *관련 없다.

(take in~)

A :   ❺ How much sugar do you | take ‖ V | **in your coffee**?
당신은 | 넣으세요 ‖ 얼마나 설탕을 | 커피에? *V= How

B :   Two tea spoons, please.
티스푼으로 두 개요.(TEPS)

(want in~)

A :   ❺ | Want ‖ cream | **in your tea?**
홍차에 크림 넣을까요? *주어 생략

B :   Yes, please.
네, 주세요.(ECD45)

● [~유체물 8] 들기/안 [사람 · 사물 → 기타 유체물]

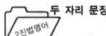 두 자리 문장

(~들기/~안)

❶   He | is **in computers.**
그는 | 컴퓨터와 관련된 일을 하고 있다.

❶▹ There's▹a problem | **in the generator.**

문제가 | 발전기에 있다.(ECD249)

❶ He's got a fantastic car. A Rolls-Royce | isn't **in it**!
그는 환상적인 차를 가졌다. 롤스로이스도 | 그것에는 들어있지 않아.
*(…에는) 도저히 당할 수 없다, 훨씬 못하다.

❶」 (There is」) not much (or little, nothing) | **in it**.
큰 (또는 거의, 전혀) 차이가 | 그것에는 없다.

(cover in~)

❸ The floor | was covered | **in balloons and toys**.
마루가 | 덮여있었다 | 풍선과 장난감으로.

(non-verb in~)

❸ I | 'm up to my elbows | **in dirty dishes**.
난 | 팔꿈치까지 차있어 | 더러운 접시들이.(EXD294) *설거지할 게 많아.

(bury in~)

❺ You | just can't bury ‖ your head | **in the sand** (like some ostrich).
너 | 박을 수 없어 ‖ 머리를 | 모래 속에, (타조새끼처럼). *현실외면은 불가능하다.

(look in~)

❺ You're | looking ‖ for a needle | **in a haystack**.
너는 | 찾고 있어 ‖ 바늘을 | 건초더미 (한강 백사장) 안에서.

● [~유체물 8a] 들기/안[사람·사물 → 기타 유체물;dumps]

(~들기/~안)

❶ I | 'm **in the dumps**.
난 | 쓰레기더미 안에 있어. *우울해.

(feel in~)

❸   I I'm feeling | **in the dumps.**
       난 I 기분이다 I 쓰레기더미 안에 있는. *우울하다.

(non-verb in~)

❸   Why are you | down | **in the dumps.**
       왜 넌 I 우울하니 I 쓰레기더미 안에서. *이중서술

(feel in~)

❼   He | is feeling | down | **in the dumps.**
       그는 I 느끼고 있다 I 우울하게 I 쓰레기더미 안에서. *이중서술

● [~유체물 8b] 들기 / 안 [사람·사물 → 기타 유체물 ; shower etc]

(~들기/~안)

❶   I I was **in a shower.**
       나는 I 샤워 중이었다.

❶   I I'm **in hot water.**
       나는 I 열탕 (곤경) 에 있다.(ECD1147)

(catch in~)

❸   I I was caught | **in a shower.**
       나는 I 잡혔다 I 소나기에.

(wait in~)

❸   Why are you | waiting | **in the heavy rain?**
       왜 너는 I 기다리고 있니 I 심한 우중에서?

(walk in~)

❸   He │ walked │ **in the rain.**
           그는 │ 걸었다 │ 빗속에서.

(non-verb in~)

A :   Can you swim well?
           수영 잘해?

B :   ❸ No, I │ am a beer bottle │ **in the water.**
           아니, 난 │ 맥주병이야 │ 물속에서.(ECD1098)

(have in~)

❺   I │ don't have ‖ any hot water │ **in the shower.**
           샤워기에서 온수가 나오지 않아요.(ECD393)

(walk in~)

❼   She │ had to walk │ home │ **in the rain.**
           그는 │ 걸어가야 했다 │ 집에 │ 빗속에서.

(wash in~)

❺   │ Wash ‖ yourself │ **in warm water.**
           │ 씻어라 ‖ 몸을 │ 따뜻한 물에서.(ECD114)

형상 · 무체물

[~형상 · 무체물 1] 들기/안 [사람 · 사물 → 무체물]

(~들기/~안)

❶ Percy | was **in his element.**
  퍼씨는 | 원기왕성했다. (1HP173)

❶ The lighthouse | is **in flames.**
  등대가 | 불길에 휩싸여 있다.

❶ The river | is **in flood.**
  강이 | 범람하고 있다.

(come in~)

❸ The shadows | came { and } went | **in the firelight.**
  불빛에 그림자가 나타났다 사라졌다 하였다. (EJD)

(go in~)

❸ The mast | went | **in the storm.**
  돛은 | 부러졌다 | 폭풍으로.

(walk in~)

❸ He | walked | **in the moonlight.**
  그는 | 걸었다 | 달빛 속에, 달빛을 받고.

(non-verb in~)

❸ Your head | is **up** | **in the clouds.** Isn't it?
  네 머리는 | 들려있다 | 구름 속에. 그렇지? *마음이 딴 데 가 있군.

(have in~)

❺ What did you say? | | had ‖ my head | **in the clouds.**
뭐라고 했니? 난 딴 생각하고 있었어.(EID375)

❺ | Don't have ‖ too many irons | **in the fire.**
한꺼번에 너무 많은 일에 손대지 말아요.(ECD1209)

(lose in~)

❺ They | lost ‖ themselves | **in the fog.**
그들은 안개 속에서 길을 잃었다.

(throw in~)

❺ He | threw ‖ the letter | **in the fire.**
그는 | 던졌다 ‖ 편지를 | 불 속에.

[~형상·무체물 2] 들기/안[사람·사물 → 형상]

(~들기/~안)

❶ The roses | are **in full bloom.**
장미꽃이 | 만발해 있어.

❶ The cherry-trees | were **in blossom.**
벚꽃이 | 만발했어.

❶ They | are still **in buds.**
그들은 | 아직 꽃망울이에요.(ECD1060)

❶ My stomach | is all **in knots** (from flying).
내 위장은 | 모두 꼬여 있어 (비행기를 타서).(EXD87) *속이 불편하다.

❶ My nerves | are **in knots.**
내 신경이 | 꼬여 있어. *혼란하다.

❶ Relax, | |'m still **in one piece.**
안심해, 난 | 아직 완전 (무사) 해.(Te370)

❶ | | am **in the pink.**
나는 | 컨디션이 최고야.

❶ We | 're not **in the red** yet.
　우린 | 아직 적자는 아니야.

❶ His company | is **in the red**.
　그의 회사는 | 적자야.

세 자리 문장

(come in~)

❸ These shoes | come | **in three colors**.
　이 구두는 | 가용하다 | 세 가지 색깔이.

❸ This model | also comes | **in red**.
　이 모델은 | 나온다 | 빨간색으로도.

❸ Does this | come | **in medium**?
　이걸로 | 나오나요 | 중간 크기가. (ECD359)

‹❸› Luck is a thing ‹ that | comes | **in many forms** ›.
　행운은 ‹ 여러 가지 형태로 오는 › 것이다. (O&S)

(fall in~)

❸ The rain | fell | **in torrents**.
　비는 억수같이 내렸다.

(follow in~)

❸ We | followed | **in the footsteps** of our parents.
　우리는 | 계승해 | 부모님의 가업을.

(look in~)

[❸] Yang's words | looked | [to be **in full bloom**].
　양의 말은 | 보였다 | 만발해 있는 것으로. (NW)

네 자리 문장

(get in~)

❼ I'm all right, | | got | here | all **in one piece**.
　괜찮아, 나는 | 도착했어 | 여기 | 무사히. (EXD103)

(have in~)

❺ Do you | have ‖ this | **in another color**?

이 종류로 다른 색상이 있어요?(ECD360)

(like in~)

⑤　Would you ｜ like ‖ it ｜ **in strips or solids?**
당신은 ｜ 원해요 ‖ 것을 ｜ 줄 있는 아니면 없는?(EXD73)

(look in~)

⑦　You ｜ look ｜ nice ｜ **in red.**
너는 ｜ 보여 ｜ 좋게 ｜ 빨간색에서 (빨간색이 잘 어울려).(BLE96)

(reach in~)

⑤　I ｜'d like to reach ‖ our 70th aniversary ｜ **in one piece.**
나는 ｜ 맞고 싶어 ‖ 우리의 70주년 결혼기념일을 ｜ 무사히.(EXD103)

(tie in~)

⑤　Frank ｜ tied ‖ Paula ｜ **in knots** (with his criticism of her work). 프랭크는 파울라가 (한 일에 대한 비판으로) 그녀를 화나게 했다.(EID903)

[～형상·무체물 2a] 들기/안 [사람·사물 → 형상 ; size]

(～들기/～안)

①　Bowls and pots ｜ are **in many sizes and shapes.**
사발과 냄비들은 ｜ 다양한 치수와 형태가 있다.

(come in~)

③　This dress ｜ comes ｜ **in four sizes.**
이 옷은 4가지 사이즈가 (팔리고) 있다.(EJD)

③　This raincoat ｜ comes ｜ **in all sizes.**
이 레인코트는 온갖 사이즈가 있습니다.(EJD)

③　Does this ｜ come ｜ **in a larger** (or smaller) **size?**
이걸로 ｜ 나오나요 ｜ 더 큰 (작은) 사이즈가.(ECD359)

(have in~)

❺ Do you | have ‖ this | **in a smaller size**?
이 종류로 좀 작은 사이즈 있어요?(ECD357)

(show in~)

❾ | Please show ‖ me ‖ another one | **in this size.**
| 보여주세요 ‖ 내게 ‖ 다른 것을 | 이 사이즈로.(ECD357)

 물건 짝수형

[물건 짝수형 1] 들기/안 [사람 → 물건]

(deal in~)

❷ He | deals ‖ **in rice.**
그는 | 취급한다 ‖ 쌀을.

(interest in~)

❷ Are you | interested ‖ **in a cup of tea?**
차 한 잔 마시고 싶은 생각은 없나?

(look in~)

❷ He | looked ‖ **in the back seat.**
그는 | 보았어 ‖ 뒷좌석 안을.

❷ She | looked ‖ **in the mirror.**
나는 | 보았어 ‖ 거울 안을.

[❷] Let's [| look ‖ **in the catalogue**].
[색인목록을 보도록] 합시다. (ECD873)

(pay in~)

❷ He | paid ‖ **in cash.**
그는 | 지불했어 ‖ 현찰로. (Fm168)

❷ You'll get discount { if } you | pay ‖ **in cash.**
할인 받을 수 있어요, 당신이 | 지불하신다 { 면 } ‖ 현찰로. (ECD342)

(write in~)

❷ You | may write ‖ **in pencil.**
너는 | 써도 좋아 ‖ 연필로.

❷ | Don't write ‖ **in cursive.** please.
| 쓰지 마세요 ‖ 필기체로. (ECD726)

(non-verb in~)

❷   He | is very strong ‖ **in cards**.
     그는 | 강하다 ‖ 카드에.

네 자리 문장

(interest in~)

❹   Can I | interest ‖ you ‖ **in a cup of tea**.
     차 한 잔 마시고 싶은 생각은 없나?(NF6)

(look in~)

❹   He | looks ‖ at his face ‖ **in a mirror**.
     그는 | 본다 ‖ 그의 얼굴을 ‖ 거울에서.(Jas1:23)

(pay in~)

❹   I |'ll pay ‖ you ‖(right now) **in cash**.
     나는 | 지불할 거야 ‖ 네게 ‖(지금 당장) 현찰로.(Fm209)

[물건 짝수형 2] 들기/안 [사물 → 물건]

세 자리 문장

(non-verb in~)

❷   The library | is rich ‖ **in manuscripts**.
     그 도서관에는 | 많다 ‖ 사본이.

❷   The rice | is rich ‖ **in gluten**.
     이 쌀은 | 많다 ‖ 부질 (끈기) 이.(ECD447)

네 자리 문장

(have in~)

❹   You | have ‖ good taste ‖ **in food**.
     당신은 미식가이군요.(ECD54)

(nip in~)

❹   I | have to nip ‖ this one ‖ **in the bud**.
     나는 | 잘라야겠다 ‖ 이걸 ‖ 싹부터.

(pay in~)

❹ Will you | pay ‖ for this ‖ **in cash** or by check?
이것을 현금으로 지불하시겠어요, 수표로 하시겠어요?(ECD348)

[❹] May I give you a check instead of [| giving ‖ you ‖ **in cash**]. [현금으로 지불하는 대신] 수표는 안되겠습니까?(ECD347)

(sketch in~)

❹ He | sketched ‖ it ‖ **in ink,** ‖ not **in pencil**.
그는 그것을 연필이 아니라 펜으로 스케치했다.

(write in~)

⑩ | Write ‖ it | down ‖ **in ink**.
| 써라 ‖ 그것을 | 기재해 ‖ 잉크로.

관념 · 활동

[~관념 · 활동 1] 듣기[사람 → 건강/생리]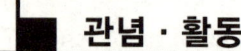

(~듣기)

❶   I | am **in agony**.
      나는 | 몹시 아파.(1FND14)

❶   He |'s always **in a daze**.
      그는 | 항상 멍해 있다.

❶   I |'m **in delicate health**.
      나는 | 건강이 안 좋아.(5FND)

❶   She | was **in her sleep**.
      그녀는 | 수면 중이었다.

❶   She | was **in shock**.
      그녀는 | 충격이었다.(MG352)

(cry · out in~)

❸   Myrtle | cries · out | **in agony**.
      그는 | 소리지른다 | 고통스러워.(GG136)

(die in~)

[❸]   I want you [| dying | **in agony**].
      나는 네가 [고통 속에 죽기를] 원한다.(MG352)

(go in~)

❸   She | went peacefully | **in her sleep**.
      그녀는 | 평화롭게 갔다 (죽었다) | 잠자면서.

(scream in~)

❸   He | almost screamed | **in agony**.
      그는 | 외칠 뻔했어 | 아파서.(4HP366)

(come in~)

❻ God | came ‖ to Laban the Aramean ⌜**in a dream** at night.⌟ 밤에 하나님 아람 사람 라반에게 현몽하여.(Ge31:24)

(go in~)

❼ He | went | through his work | **in a daze**.
그는 | 냈다 ‖ 일을 끝 ⌜멍하니.⌟

● [~관념·활동 1a] 듣기[사람 → 건강/생리;pain]

(~듣기)

❶ He | really was **in pain**.
그는 | 정말 고통속에 있다.(2LR237)

A : [❶] You look like [you |'re **in a lot of pain**].
너 엄청 아파 보여.

B : Yes, somewhat.
응, 좀 그래.(TEPS)

(cry · out in~)

❸ He | cried · out | **in pain**.
그는 | 울부짖었다 | 고통속에서.(EXD156)

(quit in~)

❸ He tried to jog for a block { but } | quit | **in pain**.
그는 한 블록 조깅하려 했으{나} | 그만 뒀다 | 아파서.(Te140)

(shriek in~)

❸ He | shrieked | **in pain**.
그는 | 소리질렀어 | 고통 속에서.(Fm416)

PART 2 - in~ 135

(close in~)

⑥ She | closed ‖ her eyes 「in pain.
그녀는 | 감았다 ‖ 눈을 「고통 속에서.(MG317)

(keep in~)

❺ She | has consistently kept ‖ me | in pain.
그녀는 끊임없이 나를 괴롭혔다.

(give in~)

⑨ I | gave ‖ birth ‖ to him 「in pain.
내가 | 주었다 ‖ 탄생을 ‖ 그에게 | 고통 속에.(1Ch4:9)

[~관념·활동 2] 틀기[사람 → 감정]

(~틀기)

❶ He | was **in despair**.
그는 | 절망이었어.

❶ She | is **in bitter distress**.
그녀 중심에 | 괴로움이 있다.(2Ki4:27)

❶ They | were **in hope** also.
그들도 | 또한 희망적이었다.

❶ We |'re **in shock**.
우리는 | 충격이야.(Fm422)

❶ I |'m **in your sorrow**.
난 | 너의 슬픔에 동참한다.

 세 자리 문장

(report in~)

❸   She | reported | **in panic.**
그녀는 | 보고했다 | 당황하여.(Fm348)

(smile in~)

❸   Eve | smiled | **in satisfaction.**
이브는 | 미소했다 | 만족하여.(GM463)

(sound in~)

❸   "What?" She | sounded | **in shock.**
"뭐라고요?" 그녀는 | 들렸다 | 충격을 받은 듯이.(YAD354)

(wait in~)

❸   She | was waiting | **in great terror.**
그녀는 | 기다리고 있었다 | 큰 두려움으로.(EmGM463)

(non-verb in~)

❸   We wish [we | could be with you | **in your sorrow**].
우리는 [당신의 슬픔을 함께 나누고] 싶어요.(ECD131)

 네 자리 문장

(drink in~)

❻ | Don't drink ‖ liquor 「**in anger.**
| 마시지 마라 ‖ 술을 「홧김에.

(go in~)

❼   Many 〈 who came in despair 〉| went | away | **in hope.**
절망하고 왔던 많은 사람이 희망을 안고 돌아갔다.

(put in~)

❺ | | have put ‖ him | **in fear.**
나는 | 두었다 ‖ 그를 | 공포 속에. *두렵게 하다.

(sympathize in~)

❼ | | sympathize | with you | **in your grief.**
나는 | 동정해 | 네게 | 네 슬픔에.(2Ch20:36)

(throw in~)

❿ They | threw ‖ stones ‖ at his windows 「in revenge.
그들은 앙갚음으로 그의 창문에 돌을 던졌다.

● [~관념・활동 2a] 들기 [사람 → 감정 ; love]

(~들기)

❶ We | are very much in love.
우리는 | 무척 사랑해요. (5FND)

❶ I | was in love (with you).
나는 | 사랑해요 (당신을).

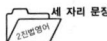

(fall in~)

❸ She | fell | in love (with him).
그녀는 | 빠졌어 | 사랑에 (그와). (#ECD556)

(lost in~)

[❸] We passed that summer [| lost | in love].
우리는 보냈어 그 여름을 [| 빠져서 | 사랑에]. (Pops)

(non-verb in~)

❸ I | should be so happy | in love.
나는 | 얼마나 행복할까 | 사랑을 한다면.

❸ We | are inseparably bound | in love (to each other).
우리는 | 떨어질 수 없게 묶였어요 | 사랑에 (서로). (ECD538)

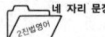

(fall in~)

❼ She | fell | head over heels | in love.

그녀는 | 빠졌어 | 열렬히 | 사랑에.

(make in~)

❺   He | made ‖ me | **in love** (with him).
       그는 | 만들었다 ‖ 날 | (그를) 사랑하게.(#Em300)

[~관념·활동 3] 듣기[사람 → 태도]

(~듣기)

❶   The crowd | was **in bewilderment**.
       군중은 | 혼란에 빠졌다.

❶   The assembly | was **in confusion**.
       회중은 | 혼란에 빠졌어.(Ac19:32;Ho66)

❶   There was a seriousness | **in Harriet's manner**.
       심각함이 | 헤리엇의 태도에 있었다.(Em254)

❶   He | must be **in a bad temper** today. He slammed the door.   그는 | 오늘 기분이 좋지 않은 것 같아. 문을 쾅 닫았어.(EXD401)

(seem in~)

❸   She | seemed | **in bad temper**.
       그녀는 | 보였어 | 성질을 내고 있는 것처럼.

(speak in~)

❸   He | spoke | **in a manner** 〈 which seemed to promise me many particulars 〉.
       그는 | 말했다 |〈 내게 자세한 것을 약속하는 것 같은 〉 태도로.(Em301)

(come in~)

❼   A crowd | came | together | **in bewilderment**,

큰 무리가 ǀ 왔다 ǀ 함께 ǀ 소동하며.(Ac2:6)

(enter in~)

「❻   I ǀ will enter ǁ the battle 「**in disguise.**
　　　나는 ǀ 갈거야 ǁ 전투에 ǀ 변장하여.(2Ch18:29)

[~관념·활동 3a] 들기[사람 → 태도 ; mood]

(~들기/~안)

❶   I ǀ am not **in a good mood.**
　　　나는 ǀ 기분이 안 좋아.(TEPS)

❶   I ǀ 'm not **in the mood** (to go dancing).
　　　난 ǀ 기분이 아니야 (춤추러 갈).

A :   I feel like a million bucks.
　　　기분이 너무 좋아요.

B :   ❶ Why are ǀ you **in such a good mood?**
　　　어째서 그렇게 기분이 좋은가요?(TEPS)

(look in~)

❸   She ǀ looked ǀ **in a better mood.**
　　　그녀는 ǀ 보였어 ǀ 더 기분이 좋아.(5HP168)

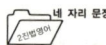

(put in~)

❺   The unexpected delay ǀ put ǁ me ǀ **in a bad mood.**
　　　예상치 못한 지체가 ǀ 했다 ǁ 나를 ǀ 기분 나쁘게.(LED)

[~관념 · 활동 3b] 듣기 [사람 · 사물 → 태도 ; peace]

(~듣기)

❶   She │ was **in peace**.
       그녀는 │ 평안했다.

A :   Do you come in peace?
       평화로운 일로 오시는 겁니까?

B :   ❶ Yes, │ **in peace**.
       그렇소 평화로운 일로 왔소.(1Sa16:4,5)

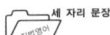

(come in~)

❸   I │ come │ **in peace** (for all mankind).
       나는 │ 왔어 │ 평화롭게 (인류를 위해).(Te259)

❸   Have you │ come │ **in peace**?
       당신은 │ 왔습니까 │ 평안히?(2Ki9:18)

(go in~)

❸   He │ went │ **in peace**.
       저가 │ 갔다 │ 평안히.(2Sa3:21)

(live in~)

[❸]   Let her [│ live │ **in peace**].
       그녀를 평온하게 살게 하자.(Pt381)

(rest in~)

❸   Now she │ was resting │ **in peace**.
       이제 그녀는 │ 쉬고 있었어 │ 평화롭게.(Te531)

(come in~)

「❻   If you │ have come ‖ to me 「**in peace**,

만일 너희가 내게 평화로이 왔다면.(1Ch12:17)

(go in~)

「❻　You, however, | will go ‖ to your fathers 「in peace.
그러나 너는 | 갈 것이다 ‖ 네 조상들에게 「평안히.(Ge15:15)

(leave in~)

❺　| Leave ‖ him | in peace.
그를 가만히 내버려둬.(3HP181)

[~관념·활동 3c] 듣기[사람 → 태도; silence]

(~듣기/~안)

❶　Everyone | was in silence, then Garrett spoke up.
모두가 | 조용했고, 그러자 가렛이 말했다.

(glance in~)

❸　They | glanced | in silence.
그들은 | 봤다 | 침묵하여.(Fm423)

(look·on in~)

❸　Only one man tried to help us, the rest | just looked·on | in silence.
한 사람만 우리를 도우려 했고 나머지는 말없이 구경만 했다.(EXD126)

(mediate in~)

❸　We all | mediated | in silence.
우리 모두는 | 명상에 잠겼다 | 말없이.

(sit in~)

❸　They | sat | in stunned silence.
그들은 | 앉아있었어 | 아연실색한 채 침묵으로.(Fm419)

 네 자리 문장

(eat in~)

⌈❻   The rest | ate ‖ their supper ⌈**in careful silence.**
       나머지 사람들은 | 먹었다 ‖ 저녁을 | 조심스러운 침묵 속에.(TB90)

(continue in~)

⌈❻   He | continued ‖ his meal ⌈**in silence.**
       그는 | 계속했어 ‖ 식사를 | 조용히.(Pt300)

(sit in~)

❼   They | sat | there | **in a contented silence.**
       그들은 | 앉아있었다 | 거기 | 만족스런 침묵으로.(MG14)

● [~관념·활동 4] 듣기[사람·사물 → 통제]

 두 자리 문장

(~듣기/~안)

❶   The children | are **in their grandmother's care.**
       그 아이들은 | 할머니가 돌보신다.(EID437)

❶   I | was not **in the possession** of all the facts.
       나는 | 모든 사실을 알지 못하였다.(MG355)

❶   It's | **in the possession** of him.
       그것은 | 그의 수중에 있어.

 세 자리 문장

(find in~)

❸   You | were found | **in possession** of classified government documents.
       넌 | 발견되었다 | 정부비밀문서를 소지한 것이.(RSR125)

 네 자리 문장

(leave in~)

❺ Susan | left ‖ her cat | **in my care**.
　　수잔은 | 떠났다 ‖ 그녀의 고양이를 | 나한테 맡기고.(EID437)

❺ Your father | left ‖ it | **in my possession**. { before } he died.
　　네 아버지가 | 뒀다 ‖ 그걸 | 내 수중에, 그가 죽기 전.(1HP202)

[❺] Your father happened [| to leave ‖ it | **in my possession**].
　　네 아버지가 우연히 그것을 내 수중에 남겨두었어.(1HP299)

[~관념 · 활동 4a] 들기[사람 → 통제;charge]

(~들기/~안)

❶ I | 'm **in charge** of this section.
　　나는 | 이 부서를 책임지고 있어.

❶ He | is **in charge** of the library.
　　그는 | 도서관 책임자야.

❶ Adoniram | was **in charge** of forced labor.
　　아도니람은 | 사역노동의 책임자이다.(2Sa 20:24)

(leave in~)

❸ I | wouldn't like to be left | **in charge** of such a dangerous thing.   나는 | 되는 것이 싫다 | 그러한 위험한 일을 맡게.

(put in~)

❸ Eliashib the priest | was put | **in charge** of the storeroom.   엘리아십이 이전에 골방을 맡았다.(Ne13:4)

(non-verb in~)

[❸] I left Aunt Ruth [| at home | **in charge** of dad].
　　나는 숙모를 [| 집에서 | 아버지를 책임지게] 두었어.(MR)

A : Are you the right person to speak to?
　　당신이 담당자 맞습니까?

B : I'm sorry, but ❸ I│'m not the person │ **in charge**.
　　미안하지만 저는 담당자가 아니에요.(ECD683)

(leave in~)

❺　I │ am leaving ‖ the Head Boy and Girl │ **in charge**.
　　난 │ 둔다 ‖ 전교회장에게 │ (임무를) 맡겨.(3HP162)

(put in~)

❺　I │ will put ‖ you │ **in charge** of many things.
　　나는 │ 할 것이다 ‖ 네게 │ 많은 것들을 맡게.(Mt25:21)

● [~관념 · 활동 4b] 들기[사람 → 통제 ; control]

(~들기)

❶　He │ was very much **in control**.
　　그는 │ 매우 잘 자제하고 있었어.(Fm431)

❶　They│'re **in control** of the search.
　　그들은 │ 수색을 통제해.(Fm466)

❶　He │ was **in complete control** of the car.
　　그는 │ 차를 완전히 통제했어.

(appear in~)

❸　Dantley │ appeared │ to be **in control**.
　　댄트리는 │ 보였어 │ 몸을 가누는 (조절) 것처럼.(Fm345)

(put in~)

❺　I │ put ‖ them │ **in control**.
　　나는 │ 두었다 ‖ 그들을 │ 통제하에.

[~관념・활동 4c] 들기[사람 → 통제 ; custody / captivity]

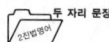

(~들기/~안)

❶   He | was **in custody** (in Puerto Rico).
그는 | 구금상태야 (푸에르토 리코에서).(Pt54)

❶   Lance | is **in police custody**.
란스는 | 경찰구금상태야.(Pt272)

❶   Our wives | are **in captivity**.
우리 아내들은 | 잡혀있어.(2Ch29:9)

(remain in~)

❸   The Temple Mount itself | was remained | **in Muslim custody**. 템플 마운트 자체는 | 남아 있다 | 무슬림 관장하에.(EJ187)

(take in~)

❸   Twenty people | were taken | **in custody**.
20인이 | 취해졌다 | 구금상태에.

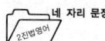

(get in~)

❺   We | got ‖ the suspect | **in custody**.
우리는 | 두고 있어 ‖ 용의자를 | 구금해.

(have in~)

❺   We | have ‖ the suspect | **in custody**.
우리는 | 두고 있어 ‖ 용의자를 | 구금해.

[~관념 · 활동 4d] 들기[사람 · 사물 → 통제;power]

(~들기/~안)

❶   We | have been **in your power**.
       우리는 | 네 통제 안에 있었다.(2LR276)

❶   It | is not **in my power** [to help you].
       내 힘으로는 당신을 도와줄 수 없다.

(rise in~)

❸   The Dark Lord | rose | **in power** again.
       암흑의 군주가 다시 권력을 잡았어.(2LR281)

(come in~)

❼   The Spirit of the Lord | came | upon him | **in power**.
       여호와의 신이 | 임하였다 | 삼손에게 | 크게.(Jdg14:19)

[~관념 · 활동 5] 들기[사람 · 사물 → 관념]

(~들기)

❶   No meddling | **in my affairs**.
       간섭 마 | 내 일에.(ECD138)

❶」   There is」 a mistake | **in the bill**.
       착오가 | 계산서에 있어요.(ECD463)

❶」   There is」 something | **in common** (between us).
       있다」 뭔가 | (우리사이에) 공통적인 것이.

❶ His delight | is **in the laws** of the LORD.
그의 즐거움은 | 주의 법안에 있다.(Ps1:2)

❶ Who | 's **in the new movie** (with Leonardo DiCapiro)?
누가 | 새 영화에 나오니 (레오나르도 디카프리오와 함께)?

❶ The hours | are **in the BMET Program.**
시간이 | BMET 계획에 투입되었다.

❶ The item | is not **in stock** now, but it's on back order.
그 물건은 | 재고가 없{고} | | 재 주문에 들어가 있어.

❶ My heart | wasn't **in it.**
내 마음은 | 거기 없었다.(EXD415)

❶ We | 're **in synch.**
우리는 | 같은 파장이다.(ECD947) *통하다.

A : Is it a serious case?
증상이 심각한가요?

B : Don't worry. ❶ It | 's still **in the early stages.**
걱정 마세요. 아직 초기 단계입니다.(ECD284)

❶ The language he used | was **in bad taste.**
그가 사용한 언어는 | 유치했다.(EXD381)

❶ She | is **in error, the wrong.**
그녀는 | 착오, 잘못이다.

❶ All right. I | 'm **in the wrong.**
좋아. 내가 | 잘못이야.

세 자리 문장

(consist in~)

❸ Happiness | consists (or lies) | **in contentment.**
행복은 | 놓여있어 | 만족에.

(do in~)

❸ It | 's all done | **in fun.**
그냥 농담으로 한 말이에요.(ECD962)

(fall in~)

❸ Japan | now falls | **in the same debtor category** as

Slovakia. 일본은 | 들어 있어 | 슬로바키아 같은 채무자 범주에.(NW)

(include in~)

❸ Is the service charge | included | **in the check?**
봉사료가 | 포함되나요 | 계산에?(ECD460)

(lie in~)

❸ Above all, good manners | lie | **in consideration** for others. 결국, 예의범절은 타인에 대한 배려에 있다.(EPV)

(speak in~)

❸ Many a true word | is spoken | **in jest.**
많은 진실이 | 말해진다 | 농담으로.(속담)

(star in~)

❸ Who | 's starring | **in the movie?**
누가 | 주연을 하니 | 그 영화에서?(TEPS)

(non-verb in~)

❸ Her competitors | are not **in it** | with her.
경쟁 상대들은 그녀의 적수가 못 된다.

❸ What | 's **in it** | for me?
그게 나와 무슨 상관이지?

 네 자리 문장

(create in~)

❺ God | created ‖ man | **in his own image.**
하나님은 | 창조하셨다 ‖ 사람을 | 그의 형상으로.(Ge1:27)

(do in~)

❻ I didn't do it on purpose. I | did ‖ it 「**in error.**
고의로 그러지 않았다. 나는 | 했다 ‖ 그걸 「실수로.(EXD534)

(have in~)

❺ I | don't have ‖ enough balance | **in my bank account.**
난 | 없다 ‖ 충분한 잔고가 | 내 은행계좌에.(EXD263)

❺ We | have ‖ something | **in common.**
우리는 | 있어 ‖ 뭔가 | 공통점이.

⑤　We | have ‖ a great deal | **in common.**
　　우리는 공통점이 많아.(Papi)

⑤　Do you | have ‖ this | **in stock?**
　　당신은 | 가지고 있습니까 ‖ 이 물건을 | 재고로.(ECD331)

[⑤]　I feel very lucky [| to have ‖ you | **in my life**].
　　나는 [내 인생에서 당신을 맞이하게 돼] 무척 행운이에요.(ECD557)

(include in~)

⑤　This restaurant | includes ‖ service and tax | **in the price.**　이 레스토랑에서는 팁과 세금을 계산에 넣는다.(EPV254)

(join in~)

[⑦]　Thank you for [| joining | with us | **in this program**].
　　[이 프로그램에 같이 해줘서] 감사해요.

(make in~)

⑤　Could you | make ‖ an exception | **in this case, please?**　한 번만 예외로 해 주시겠어요?.(EXD201)

⑤　He | made ‖ great strides | **in English.**
　　그는 | 했다 ‖ 장족의 발전을 | 영어에서.(ECD868)

(say in~)

⑤　| Please say (or put) ‖ it | again **in plain language.**
　　| 말해요 ‖ 그걸 | 다시 쉬운 말로.(ECD958)

(take in~)

⑤　| Take ‖ it | **in good humor.**
　　농담으로 받아들이세요.(ECD962)

(write in~)

⑤　| Write ‖ your name and address | **in capital letters.**
　　| 써주세요 ‖ 이름과 주소를 | 대문자로.

[⑤]　I managed [| to write ‖ the whole speech | **in English**].
　　나는 [연설 전문을 영어로 쓰게] 되었다.

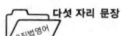

(give in~)

❽ | Give ‖ me ‖ the answer | **in a formula** (or figures).
답은 식 (숫자) 으로 제출하시오.

(pay in~)

❽ You | must pay ‖ me ‖ $1,000 | **in damages**.
넌 | 지불해야 해 ‖ 내게 ‖ 1천물을 | 배상금으로.(EXD318)

● [~관념·활동 5a] 들기/안[사람 → 관념;agreement]

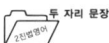

(~들기/~안)

❶ I |'m **in agreement**.
난 | 찬성해.(LOF48)

❶ The three | are **in agreement**.
셋이 | 동의한다.(1Jn5:8,5HP148)

❶ Fink | is not **in full agreement**.
핑크는 | 완전 동의하지 않는다.(Cl434)

(murmur in~)

❸ They | now murmured | **in agreement**.
그들은 | 이제는 웅성거리며 | 동의했다.(5HP141)

(nod in~)

❸ He | nodded | **in agreement**.
그는 | 끄덕였어 | 동의하여.(Fm133)

(point in~)

「❻ Angel | points ‖ at him 「**in agreement**.
엔젤은 | 손가락질 했다 ‖ 그에게 「동의 표시로.

[~관념 · 활동 5b] 들기[사람 · 사물 → character/habit]

(~들기)

❶   It | was **in his character**.
그건 | 그의 성격이었다.

❶   [Helping others in need] | is **in character** (with his usual action).
[어려운 처지의 타인을 도우는 것은] | 조화된다 (그의 통상적인 행동과).

❶   She | is **in the habit** of sitting up late.
그녀는 | 밤늦도록 자지 않고 앉아있는 버릇이 있어.

(seem in~)

❸   It | just didn't seem | **in character**, somehow, (for correct, law-abiding Mr. Crouch) [to be sneaking around somebody else's office this late at night].
[야심한 시각에 다른 사람의 사무실을 몰래 엿보고 다닌다는 사실은] | 보였다 | 약간은 어울리지 않는 것처럼 (꼬장꼬장하고, 준법 정신이 투철한 크라우치씨에게는).(HP)

(see in~)

❺   You | would see || it | **in his character**.
너는 | 볼 것이다 ‖ 그것이 | 그의 성격에 조화됨을.

❺   We | saw ‖ it | **in his habit** command.
우리는 | 보았다 ‖ 그것이 | 그가 지휘 습관에 부합됨을.

[~관념·활동 5c] 듣기/안[사람 → 관념;debt]

(~들기/~안)

❶   He | was **in** this man's **debt**.
그는 | 그 남자에게 빚이 있었다.(UTC22)

❶   The government | is $1 trillion • **in debt**.
정부는 | 1조불의 빚이 있다.

❶   Their clients | were heavily **in debt** (with no relief in sight). 그들 고객들은 | 심히 빚졌어 (구제방법은 보이지 않은 채).(Te178)

(become in~)

❸   I | became | **in debt** because of a credit supplier.
나는 | 되었다 | 빚지게, 외상 공급자 때문에.

(non-verb in~)

❸   You |'ll be <u>up to</u> your ears | **in debt** { if } you keep spending so much money.
그렇게 헤프게 쓰다가는 빚더미에 올라서요.(ECD349)

(get in~)

❺   Repeated loans from the finance company | got ‖ me | deeper **in debt**.
금융회사의 계속된 대출이 | 했다 ‖ 나를 | 빚에 깊이 빠지게.

(want in~)

❺   Voldemort | does not want ‖ his servant | **in debt** of Harry Potter.
볼드모트는 | 원치 않아 ‖ 그의 종이 | 해리포터에게 빚지는 것을.(3HP427)

[~관념·활동 5d] 들기 [사람 → 관념 ; name]

(~들기/~안)

❶ He | was **in the name** of Roberts NOT Owen.
그는 | 오웬이 아닌 로버트의 명의로 있었다.

❶ What |'s **in a name**?
무엇이 | 상표 안에 있니?(ECD372) *상표가 무슨 소용이냐?

(come in~)

❸ Many | will come | **in my name**.
많은 사람이 내 이름으로 와서.(Mt24:5)

(come in~)

❼ For where two or three | come | together | **in my name**, there am I with them.
두 세 사람이 내 이름으로 있는 곳에는 나도 그들 중에 있느니라.(Mt18:20)

[~관념·활동 5e] 들기 [사람·사물 → 관념 ; traffic/accident]

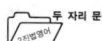

(~들기)

❶ He | was **in a traffic accident** this morning.
그는 | 아침에 교통사고 당했어.(#ECD127)

❶ George | had been **in an accident**.
조지는 | 사고를 당했다.(MG)

154 50키워드영어 IN

(catch in~)

❸　I | was caught | **in a traffic jam.**
　　나는 | 잡혔어 | 교통체증에.

(get in~)

❼　We | got | caught | **in a traffic jam.**
　　우리는 교통 체증으로 꼼짝 못하게 되었다.

(drive in~)

[❸]　It's so frustrating [| to drive | **in traffic**].
　　[교통체증 속에서 운전하는 것은] 짜증난다.(ECD259)

(injure in~)

❸　They | were seriously (slightly) injured | **in the accident.**
　　그들은 | 중 (경) 상을 입었다 | 그 사고에서.(EXD87, ECD1177)

(stick in~)

❸　I | was stuck | **in traffic.**
　　나는 | 갇혔다 | 교통 체증에.(TEPS)

(save in~)

❺　Seat belts | really do save ‖ lives | **in** (traffic) **accidents.**　안전벨트는 | 구해준다 ‖ 생명을 | 사고에서.(ECD253)

(take in~)

「**❻**　Sometimes the bus | takes ‖ longer 「**in traffic.**
　　때때로 버스는 | 걸린다 ‖ 더 길게 「체증 때.(ECD222)

[~관념·활동 6] 듣기 [사람·사물 → 상태]

(~들기/~안)

❶   My car | is **in bad condition**.
    내 차는 | 상태가 안 좋다.(ECD194)

❶   Their equipment | was **in poor condition**.
    그 장비는 | 빈약한 상태였다.

A : Did you hear the news? ❶ John | is **in critical condition**.
    너 소식 들었니? 존이 위독하대.

B : I'm sorry to hear that.
    정말 유감이야.(TEPS)

❶   His work | is much **in demand**.
    그의 일이 | 수요가 많았다.(SM20)

❶   This year, smaller and cheaper cars | are **in demand**.
    올해는 작고 값싼 차들이 | 인기야.

❶   The system | has been **in effect** for twenty-five years.
    이 제도는 | 25년 동안 실시되어 왔다.

❶   The new code | is **in force**.
    새 법이 | 유효하다.

❶   He | was **in luck**.
    그는 | 운이 좋았어.(Fm432)

❶   We | certainly are **in a mess**.
    우리는 | 일이 꼬였다.

❶   My brother's room | is **in such a mess**.
    내 동생 방이 | 너무 뒤죽박죽이다.

❶   Now I | am **in great need**.
    지금 난 | 필요한 것이 많아.(2LR28)

❶   We | are **in need** of more potatoes.
    우리는 감자가 더 많이 필요하다.

❶   He | was **in poverty**.
    그는 | 가난했다.

❶ Long skirts | are **in vogue** now.
긴치마가 | 요즈음은 유행이다.(ECD361)

❶ I | shall not be **in want**.
나는 부족함이 없다.(Ps23:1)

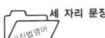

(cow in~)

❸ He | is always cowed | **in the presence** of his master.
그는 | 언제나 꼼짝 못한다 | 주인 앞에서.(EXD230)

(die in~)

❸ He | died | **in poverty**.
그는 | 죽었다 | 가난하게 살다가.

(get in~)

❸ He | had gotten | **in a mess**.
그는 | 되었다 | 일이 꼬이게.

(go in~)

[❸] When would you like your insurance [| to go | **in effect**]? 보험은 언제부터 [유효하도록] 할까요?(ECD244)

(live in~)

❸ He | lived and died | **in triumph**.
그는 | 살다가 죽었다 | 승리 속에서.(MIFD110)

(go in~)

❼ Each of them | goes | <u>on</u> | **in his error**.
그들 각자는 | 갔다 | 계속하여 | 무익한 대로.(Isa47:15)

(insult in~)

A : ❺ He | insulted ‖ the boss | **in his presence**.
그는 | 모욕했어 ‖ 상관을 | 면전에서.

B : That guy! He's impossible.
맙소사, 못말릴 친구로군.(EXD209)

(return in~)

❼ He | returned | home | **in triumph.**
그는 의기양양하게 집으로 돌아갔다.

(talk in~)

[❼] I need [| to talk | **with** Avery | **in private**].
나는 필요해 [| 말하는 것이 | 애버리와 | 사적으로].(Fm251)

[~관념·활동 6a] 들기[사람 → danger/peril]

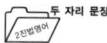

(~들기)

❶ You | are **in danger.**
너는 | 위험에 처해 있어.(2LR276)

[❶] I doubt [that Professor Lupin | is **in any immediate danger**]. 난 의심돼 [루핀교수가 | 급박한 위험에 처해 있다는 것이].(3HP229)

❶ You | are **in peril.**
너희는 | 위험에 처해 있어.(2LR298)

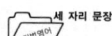

(put in~)

❸ He | was put | **in danger.**
그는 | 처하였다 | 위험에.

(place in~)

❺ He | had placed ‖ her | **in danger.**
그는 | 처하게 했어 ‖ 그녀를 | 위험에.(Pt281)

(put in~)

❺ | Don't put ‖ yourself | **in danger.**
| 처하게 말라 ‖ 너 자신을 | 위험에.(3HP215)

⑤   Harry Potter | must not put ‖ himself | **in peril**.
　　해리 포터는 | 하면 안돼 ‖ 자신을 | 위험에 처하게.(2HP16)

[~관념·활동 6b] 들기[사람·사물 → 상태;doubt]

(~들기)

❶   The future of Korea | was **in doubt**.
　　한국의 장래는 | 불투명했어.

❶   The former's ethical standards | might well be **in doubt**.
　　전자의 윤리적 기준들은 | 의심받을 여지가 있다.(EJ175)

(remain in~)

❸   Unless this foundation is laid, its authority | will always remain | **in doubt**.
　　이 기초가 없다면, 그 권위는 항상 의심스럽게 될 것이다.(ICR81)

(leave in~)

❸   You | will be left | **in no doubt** (which of us is stronger).
　　너희들은 (우리 중 누가 강한지) 의심이 없게 될거야.(4HP571,42)

(leave in~)

[⑤]   He wanted [| to leave ‖ nobody | **in any doubt**].
　　그는 [누구도 의심을 갖지 않도록] 원했다.(4HP84)

[~관념·활동 6c] 들기[사람·사물 → 상태 ; favor]

(~들기/~안)

❶ Jim's education now | was **in his favor**.
짐이 받은 교육은 이제 | 그에게 유리하게 작용했어.

❶ The stars | aren't **in my favor** this year.
운세는 | 내게 좋지 않아 올해는.

A : Is it out of question forr Dick to have his friends sleep here overnight?
딕이 친구들을 우리 집에서 하룻밤 자게 하면 안될까?

B : I have no objection ❶ if you | 're **in favor** of it.
당신이 찬성하면 난 반대하지 않아.(EXD213)

(decide in~)

❸ The judge | decided | **in his favor**.
판사는 | 선고했다 | 그에게 유리하게.(ECD1174)

(go in~)

❸ The election | went | **in her favor**.
선거는 | 갔다 (되었다) | 그녀에게 유리하게.

(non-verb in~)

❸ The score | was two to one | **in our favor** (or in favor of our team). 점수는 | 2대 1 이었다 | 우리 편에 유리하게.

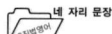

(stand in~)

❼ He | stands | high | **in favor** of with his master.
그는 | 높은 위치를 차지하고 있어 | 주인의 마음에 들어.

[~관념 · 활동 6d] 들기[사람 · 사물 → 상태 ; order]

(~들기)

①   Is this list | **in alphabetical order**?
이 목록은 | 알파벳 순인가요?

[**①**]   I hear [congratulations | are **in order**].
나는 [축하할 일이 생겼다고] 듣고 있었다.(ECD44)

(appear in~)

③   It | appears | to be **in order**.
그것 제대로 된 것 같군.(1HP73)

(look in~)

③   Every thing | looked | **in order**.
모든 것이 | 보였어 | 정상인 것처럼.(Fm419)

(seem in~)

③   It | appears | to be **in order**.
그것 제대로 된 것 같군.(1HP73)

(set in~)

③   The city | is set | **in order** again.
그 도시는 | 회복되어 있어 | 다시 질서가.(3LR132)

(get in~)

⑤ | Get ‖ your priorities | **in order**.
너의 우선순위를 정해라.

(put in~)

⑤   He | put ‖ his books | **in order**.
그는 | 했다 ‖ 그의 책들을 | 정리.(LED)

PART 2 – in~   161

❺ He | put ‖ his house | **in order** { and } then hanged himself. 그가 집을 정리하고 스스로 목매어 죽었다.(2Sa17:23)

[~관념·활동 6e] 들기[사람·사물 → 상태;ruin]

(~들기)

❶ Now the company | is all **in ruins**.
이제 일행은 | 모두 엉망이야.(2LR4)

❶ Our houses | are **in ruins**.
우리 주택은 | 헐었다.(Jer9:19)

(leave in~)

❸ Whole cities | left | **in ruin**.
전 도시들이 | 되었어 | 폐허로.(8ESL56)

(lie in~)

❸ The old castle | lay | **in complete ruin**.
그 고성은 | 놓여 있어 | 완전히 폐허로.

(find in~)

❺ { And } | find ‖ the house | **in ruins**?
그리고 나서 | 보라고 ‖ 집이 | 엉망이 된 것을?(1HP23)

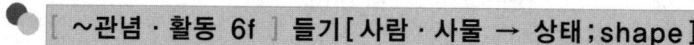
[~관념·활동 6f] 들기[사람·사물 → 상태;shape]

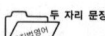

(~들기/~안)

❶ I│'m **in perfect shape**.
  난 │ 완벽한 건강상태야.(10FND36)

❶ Your brakes │ are **in bad shape**.
  브레이크 │ 상태가 아주 나빠.(ECD250)

A : How much are you asking for this car?
  이 차 얼마나 달라구요?

B : ❶ You know, it│'s **in great shape**.
  보세요. 말짱해요.(EXD483)

❶ The campground │ was **in great shape**.
  캠프장 상태가 │ 훌륭했어.(DAC)

A : ❶ Now your house │ is **in pretty good shape**.
  이제 당신 집이 꽤 좋아졌네요.

B : It took a lot of maintenance work, though.
  그래도, 보수작업을 많이 했어요.(TEPS)

(get in~)

❸ │ Get │ **in shape**.
  │ 만들라 │ 몸매 (건강상태) 를.(Champ)

(keep in~)

❸ How do you │ keep │ **in shape**?
  넌 몸매를 어떻게 관리하니?(TEPS)

(look in~)

❸ You │ look │ **in shape**.
  너는 │ 보여 │ 건강하게.(TEPS)

(stay in~)

❸ You │ are staying │ **in shape**.
  너 │ 유지하고 있군 │ 건강상태로.

(keep in~)

❺ │ Keeps ‖ me │ **in shape**.
  (그건) 나를 건강하게 유지해.(Te407)

[~관념 · 활동 6g] 들기[사람 · 사물 → 상태 ; state]

(~들기/~안)

❶   The banking industry | is **in a state** of flux.
       은행산업은 | 부단한 변화의 상태이다.

❶   Her mind | was **in a state** of flutter and wonder.
       그녀의 마음은 | 두근거림과 경이의 상태였다.

A : How is your day going?
      오늘 재미가 어떠세요?

B : ❶ | **In the same state.**
         | 항상 똑 같죠.(ECD4)

(live in~)

❸   Refugees | live | **in a state** of fear.
       피난민은 | 산다 | 공포 상태에서.

(place in~)

[❺] It seemed a peculiarly cruel that was [| to be placing ‖
     her | **in such a state** of unlimited punishment].
     [그녀를 그러한 무제한적인 처벌상태에 둔다는 것은] 특히 잔인한 것처럼 보였다.(Em340)

[~관념 · 활동 6h] 들기[사람 · 사물 → 상태 ; style]

(~들기/~안)

❶   The unisex mode | is **in style** (now).

남녀공동 스타일이 | (지금) 유행이다.(ECD362)

A : [❶] I think [that ladies' headbands | may be **in style** (soon)]. [저 여자용 머리밴드가 (곧) 유행할 것] 같아.

B : Oh, yeah? I think a headband is very becoming on you.
그래? [머리밴드는 너한테 잘 어울릴 것] 같아.(EXD71)

(live in~)

❸　He | lives | **in** (good) **style**.
그는 사치스러운 생활을 하고 있다.

(cut in~)

A : How would you like your hair cut?
어떻게 깎아 드릴까요?

B : ❺ Can you | cut ‖ it | **in this style**?
이런 스타일로 잘라 주세요.(ECD607)

(run in~)

❼」　**In this style」** she | ran | **on**.
이런 식으로」 그녀는 | 말했다 | 계속.(Em228)

(see in~)

❺　May I | see ‖ others | **in different style**?
내가 | 볼 수 있을까요 ‖ 다른 것을 | 다른 스타일의?(ECD335)

[~관념 · 활동 6i] 들기 [사람 · 사물 → 상태 ; trouble]

(~들기)

❶　I | 'm **in trouble**.
나는 | 곤경에 처해 있어.

❶ My business │ is **in trouble**.
　사업이 │ 안된다.(ECD1042)

❶ The economy │ was **in trouble**.
　경제가 │ 곤경이었다.

(embroil in~)

[❸] I seemed [│ to be thoroughly embroiled │ **in your troubles**].   나는 [당신들 고민 속에서 속속들이 시달리는 것] 같았어요.(TB130)

(get in~)

❸ You │ 're going to get │ **in trouble**.
　너는 │ 될 거야 │ 곤경에 처하게. (너 혼 날 거야)

❸ She │ gets │ **in trouble**.
　그녀는 │ 처했어 │ 곤경에.(Pt112)

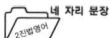

(get in~)

❺ Are you │ get ‖ us │ **in trouble**?
　너는 │ 하려니 ‖ 우리를 │ 곤경에 처하게?

(get in~)

❻ What are you │ getting ‖ me │ **in trouble** ‖ for ∨?
　넌 │ 하려니 ‖ 나를 │ 곤경에 처하게 ‖ 무엇 때문에?(Champ) *∨= What

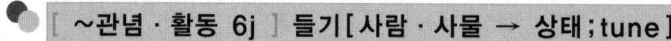

[~관념 · 활동 6j] 들기[사람 · 사물 → 상태 ; tune]

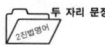

(~들기/~안)

❶ They (harps) │ were still **in tune**.

하프들은 | 아직 가락이 맞았다.(Ho239)

❶ He | is **in good tune**.
그는 | 기분이 좋다.

(sing in~)

❸ No doubt they | 'll sing | **in tune** (after the revolution).
의심할 것 없이 그들은 | 노래할 거야 | 바른 가락으로 (혁명후).

(stay in~)

❸ | Stay | **in tune**.
| 유지하세요 | 전파에. *스위치를 끄거나 다른 방송으로 돌리지 말고 기다려주세요.

(get in~)

❺ I | have got ‖ him | **in tune**.
나는 | 되었다 ‖ 그와 | 사이좋게.

[~관념 · 활동 6k] 들기[사람 · 사물 → 상태 ; uproar]

(~들기/~안)

❶ The whole city of Jerusalem | was **in an uproar**.
온 예루살렘이 | 소동했다.(Ac21:31)

(leave in~)

❸ College students | have been left | **in uproar** { after } being banned from parking on campus.
대학생들은 | 되었다 | 소동케, 캠퍼스에 파킹이 금지된 후.

 네 자리 문장

(find in~)

❺ I | found ‖ it (= Buckland) | **in uproar**.
나는 | 보았다 ‖ 버크랜드 지역이 | 소동 중인 것을.(1LR295)

(have in~)

❺ Sudden veto | has ‖ GOP | **in uproar**.
갑작스러운 거부권 행사가 | 했다 ‖ 공화당을 | 소란스럽게.

(keep in~)

❺ She | kept ‖ the place | **in uproar**.
그녀는 | 계속 했다 ‖ 그 장소를 | 소란하게.(Fm32)

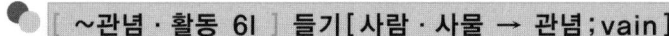 [~관념·활동 61] 들기[사람·사물 → 관념;vain]

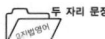 두 자리 문장

(~들기/~안)

❶ All our efforts | are **in vain**.
우리의 모든 노력은 | 수포로 돌아갔다.

[❶] You know [that your labor in the Lord | is not **in vain**].
너는 [주안에서 네 수고가 | 헛되지 않음] 을 안다.(1Co15:58)

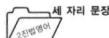 세 자리 문장

(believe in~)

❸ Otherwise, you | have believed | **in vain**.
그렇지 않으면 헛되게 믿었다.(1Co15:2)

(die in~)

❸ Young | did not die | **in vain**.
영은 | 죽지 않았다 | 헛되게.(MFD110)

(protest in~)

❸ He | protested (but) | **in vain**.
그는 | 항의하였으 (나) | 헛수고였어.

(prove in~)

❸ Prayers | so often proved | **in vain**.
기도들은 | 그렇게 자주 판명되었어 | 허사로.(POE)

(suffer in~)

❸ We | have not suffered | **in vain**.
우리는 | 고생하지 않았다 | 헛되게.(ECD1161)

(wait in~)

❸ I | waited | **in vain**.
나는 | 기다렸다 | 헛되게.(4HP567)

(cry in~)

「❻ He | cried out ‖ for help 「**in vain**.
그는 | 소리쳤으나 ‖ 도움을 구하려고 「허사였다.

(take in~)

❺ Thou | shall not take ‖ the name of the Lord thy God | **in vain**. 주 너희 하나님의 이름을 망령되이 일컫지 말라.(KJVDt5:11)

[~관념 · 활동 6m] 들기[사람 · 사물 → 상태 ; violation]

(~들기)

❶ He | 's **in violation** of his contract.
그는 | 그 계약의 위반이다.

(find in~)

❸ He | was found | **in violation** of probation.
그는 | 판정되었다 | 보호관찰 위반으로.

(find in~)

❺ The resolution | should find ‖ Iraqi | **in violation** of previous Security Council resolutions.
결의안은 | 찾아내야 한다 ‖ 이라크가 | 종전의 안보리 결의를 위반하였음을.(WP)

(put in~)

❺ This (his act) | put ‖ him | **in violation** of his contract with the manufacturer.
이것이 | 처하게 했다 ‖ 그를 | 제작자와의 계약 위반에.(TAT57)

[~관념 · 활동 7] 들기[사람 · 사물 → 활동]

(~들기)

❶ My wife | is **in labor**.
아내가 | 분만 진통을 해요.(ECD630)

❶ He | 's **in a meeting** now.
그는 | 지금 회의 중이에요.(ECD753)

❶ He | was **in practice** until his retirement in 1932.
그는 1932년 은퇴하기 전까지 사업을 했다.

❶ We | 're still **in the running**.
우리는 | 아직 승산이 있다.(TEPS)

❶ The number ⟨ you have dialed ⟩ | is not **in service**.
⟨ 당신이 돌린 ⟩ 전화번호는 | 사용하지 않습니다.

❶ Ducks | were **in session**.
오리사냥이 | 법적 가능한 시기였어.(EID)

❶ No trial | was **in session**.
아무 재판 일정도 없었어.(Pt423)

❶ He | is **in his stride** now.
   그는 | 지금 제 페이스야.

[❶] The truck sped down the highway with [a sailboat | **in tow**]. 그 트럭은 [요트를 끌고] 고속도로를 질주했다.(EID379)

❶ China | is now **in the transition** to the market economy.
   중국은 현재 시장 경제로 이행중이다.

❶ The footbridge | is not **in use**.
   그 인도교는 | 사용하지 않아.

(barge in~)

⟨❸⟩ Who gave you the right ⟨| to barge | **in our conversation** ⟩? 네가 무슨 권리로 ⟨ 우리 대화에 쓸데없이 끼어드는 거야 ⟩?(EPV)

(belong in~)

❸ I | belong | **in your service**.
  나는 | 속해 있어요 | 당신의 충복으로.(TC81)

(end in~)

❸ The conversation | ended | **in a quarrel**.
  대화는 | 끝났어 | 분쟁으로.

(go in~)

❸ He | then went | **in search** of Ahaziah.
  그는 | 그래서 갔다 | 아하지아를 찾아서.(2Ch22:9,MG30)

(remain in~)

❸ I | remained | **in private practice**.
  나는 계속 일을 해 왔다.(MIFD111)

(seem in~)

❸ Now they | seemed | **in pleasant conversation**.
  이제 그들은 | 보였다 | 유쾌한 대화에 빠져 있는 것처럼.(Em272)

❸ Your line | always seems | to be **in use**.
  당신 전화는 | 항상 같아요 | 통화 중인 것.(ECD667)

(star in~)

❸　He ｜ starred ｜ **in the new play.**
　　그는 ｜ 주연을 했다 ｜ 새 연극에서.(ECD1080)

(work in~)

❸　It is all right in theory, but it ｜ won't work ｜ **in practice.**
　　이론적으로는 문제가 없지만 실제로는 그렇지 않을 것이다.

네 자리 문장

(break in~)

❼　Doctors ｜ have broken ｜ through ｜ **in their fight** against cancer.　의사들은 ｜ 했다 ｜ 돌파 ｜ 암과의 전쟁에서. *대약진을 이루다.

❼　The little birds ｜ broke ｜ forth ｜ **in song.**
　　작은 새들이 ｜ 시작했다 ｜ 내기 ｜ 노래를.

(burst in~)

❼　The people ｜ burst ｜ forth ｜ **in a glad shout.**
　　사람들이 ｜ 갑자기 ｜ 올렸다 ｜ 기쁜 환호성을.(P&P80)

(get in~)

❺　｜ Get ‖ me ｜ **in the game.**
　　｜ 끼워 줘 ‖ 날 ｜ 게임에.(DH)

(go in~)

[❼]　He tends [｜ to go ｜ off on a tangent ｜ **in conversations**].
　　그는 [이야기 할 때 곧잘 주제를 이탈하는] 경향이다.(EXD153)

(have in~)

❺　My boss ｜ always has ‖ his secretary ｜ **in tow** { when } he goes to meetings.　우리 사장은 회의에 갈{때} 항상 비서를 대동한다.(EID379)

(make in~)

❺　Uh, I ｜ can make ‖ A's and B's ｜ **in a walk.**
　　어, 나는 ｜ 딸 수 있어 ‖ A학점과 B학점쯤은 ｜ 한 걸음에 (쉽게).

(pick in~)

❺　The prosecutor ｜ picked ‖ holes ｜ **in the defendant's testimony.**　검사는 피고의 증언에서 흠을 잡았다.(EID)

(remember in~)

❺ I | constantly remember ‖ you | **in my prayers**.
나는 | 항상 기억해 ‖ 너를 | 내 기도에서.(2Ti1:3,#ECD131))

(root in~)

❺ Who will you | root ‖ for ∨ | **in the game**?
넌 | 응원하니 ‖ 누구를 | 이 게임에서.(ECD217)

(take in~)

❺ He | took ‖ the barrier | **in his strides**.
그는 | 취했다 (극복) ‖ 장애를 | 그의 페이스로 (수월하게).(6HP120)

[~관념·활동 7a] 듣기[사람·관념 → business/work]

(~들기/~안)

❶ Now we | 're **in business**!
이제 우린 | 만반의 준비가 됐어!

❶ I | 'm not **in the business** of doing that!
난 | 그런 일은 안 해!

A : ❶ **What business** are you | **in** ∨?
무슨 사업에 종사하세요? *∨= What business

B : I own a gas station.
주유소를 운영해요.(EXD288)

A : ❶ **What line of work** are you | **in** ∨?
어떤 분야에 종사하세요? *∨= What line of work

B : I'm a governmnet employee.
공무원입니다.(EXD288)

❶ It | 's (all) **in a day's work**.
그건 | (모두) 일상적 일이다.(ECD50)

(engage in~)

❸ We | have been engaged | **in** this business for

generations. 우리는 대대로 이 업종에 종사하고 있다.(EPV)

(non-verb in~)

❸   I│'m up to my ears │ in work.
    난 │ 귀밑까지 차있어 │ 일이.(EXD294)

네 자리 문장

(get in~)

「❻   He │ got ‖ a start 「in business { when } he was only ten.
    그는 열 살이었을 { 때 } 이미 사업의 첫발을 내디뎠다.

❼   He│'s getting │ on quite well │ in his business.
    그의 사업은 번창하고 있다.

(have in~)

❺   I │ have had ‖ no experience │ in this kind of work.
    나는 │ 없다 ‖ 경험이 │ 이러한 일에.(ECD1145)

(sink in~)

❺   She │ sunk ‖ her whole fortune │ in a speculative venture, but to no avail.
    그녀는 전 재산을 투기사업에 투자했지만 헛수고였다.(EPV255)

[~관념 · 활동 7b] 들기/안[사람 → 활동 ; hurry]

두 자리 문장

(~들기/~안)

❶   I │ am in a (big) hurry.
    나는 │ (매우) 급해.(ECD96)

❶   Why are you │ such in a hurry.
    왜 그렇게 급해요?(ECD98)

❶   He │ was in no hurry (to leave).
    그는 │ 급하지 않았어 (떠남이).(Te182)

❶   Dave │ was in a hurry (to get back to work).
    데이브는 │ 서둘렀다 (직장에 돌아가려고).

❶   I│am **in haste**.
       나는│급해.(2LR277)

세 자리 문장

(leave in~)

❸   They│left│**in a hurry**.
       그들은│떠났어│급히.(4HP303)

네 자리 문장

(pass in~)

❼   One day he│would pass│through│**in a great hurry**.
       언젠가는 그는 매우 급하게 마쳐야 할 거야.(Fm360)

(say in~)

❻   He│would not say‖anything「**in a hurry**.
       그는│말하려 하지 않았어‖아무 것도「급하게는.(2LR192)

● [~관념 · 활동 7c] 들기/안 [사람 · 사물 → 활동 ; motion]

두 자리 문장

(~들기/~안)

❶   The planets│are **in motion**.
       행성은│움직여.(8ESL132)

세 자리 문장

(happen in~)

❸   Everything│was happening│**in slow motion**.
       모든 것이│일어나고 있었다│천천히.(Sph202)

(say in~)

❸   Everything│would be said│**in slow motion**.
       모든 것은│말해지기로 했어│천천히.(Pt453)

PART 2 – in~   175

(set in~)

❺   I | set ‖ it | **in motion**.
       내가 그것을 추진했어.(Pt304)

[~관념·활동 7d] 들기/안 [사람·사물→ 활동 ; process/progress]

(~들기/~안)

❶   A band of roughnecks | was **in the process** of checking out.   난폭자 일행이 | 체크아웃을 하고 있었어.(Te101)

❶   The case | **in process** now.
       그 건은 | 지금 진행 중이야.

(non-verb in~)

❸   Our canoe isn't finished, yet. It's still a work | **in process**.   카누는 아직 완성되지 않았어. 아직 만들고 있는 중이야.(EID982)

❸   I'm writing a book. Right now. it's just a work | **in progress**.   나는 책을 한 권 쓰고 있어. 지금은 진행중이야.(EID434)

(have in~)

❺   We | have ‖ actual footage of the bank robbery | **in progress**.   우린 | 방영한다 ‖ 은행강도의 범행 장면을 | 진행 중인.

(stumble in~)

❺   They | stumbled ‖ **into** an undercover operation | **in progress**.   그들은 | 굴러들었어 ‖ 함정수사에 | 진행중인.

(show in~)

❾ I | 'd like to show ‖ you ‖ our operation | **in progress**.
난 | 보여드리고 싶어요 ‖ 당신에게 ‖ 작업을 | 진행 중.(ECD784)

[~관념·활동 7e] 들기/안[사람 → 활동;pursuit]

(~들기/~안)

❶ The cops | were **in pursuit** of an ex-con.
경찰이 | 한 전과자를 찾고 있다.

(follow in~)

❸ The Egyptians | followed | **in pursuit**.
이집트인들이 | 따랐다 | 추적하여.(Ex14:23)

(go in~)

❸ They left the city open { and }| went | **in pursuit** of Israel.   그들은 성을 열어두 { 고 }| 갔다 | 이스라엘을 추적하여.(Jos8:17)

(come in~)

❼ Barak | came | **by** | **in pursuit** of Sisera.
바락이 | 왔다 | 지나 | 시스라를 추적하여.(Jdg4:22)

[~관념·활동 7f] 들기/안[사람 → 활동 ; race]

(~들기/~안)

❶　He ｜ was **in the race.**
　　　그는 ｜ 경주했다.

❶　After the first few minutes of the race he ｜ was not **in it.**
　　　경기가 시작된 몇분 후에 그는 우승권 밖으로 밀려났다.

(lead in~)

❸　He ｜ is currently leading ｜ **in the election race.**
　　　그는 ｜ 현재 앞서고 있다 ｜ 선거 전에서.(TEPS)

(non-verb in~)

❸　He ｜ was the first place ｜ **in the race.**
　　　그는 ｜ 1등이었다 ｜ 경주에서.(EXD259)

(come in~)

❼　The horse ｜ came ｜ **in** second ｜ **in the race.**
　　　그 말은 ｜ 왔다 ｜ 들어 ｜ 2등으로 ｜ 경주에서.

(get in~)

「❻　He ｜ got ‖ the first prize 「**in the race.**
　　　그는 경주에서 1등상을 탔다.

(take in~)

「❻　Out team ｜ took ‖ first place 「**in the race.**
　　　우리 팀이 ｜ 차지했다 ‖ 일등을 「경주에서.(EXD20)

(win in~)

「❻　I ｜ won ‖ the first prize 「**in the talent race.**
　　　나는 ｜ 땄다 ‖ 1등상을 탔다 「재능자랑 대회에서.(EXD20)

[~관념・활동 7g] 들기/안 [사람 → 활동 ; touch]

(~들기/~안)

❶   I | 'll be **in touch**.
       내가 | 연락할 게.(Pt50)

❶   They | are not **in touch** with public opinion.
       그들은 | 못해 | 세상 여론을 알지.(EJD)

(get in~)

❸   I | 'll get | **in touch** with you (by the telephone tomorrow).
       나 | 할 께 | 접촉을 ‖ 너와 (전화로 내일).(EJD)

[❸]   Let's [| get | **in touch**].
       우리 [연락하기로] 하자.(ECD21)

(keep in~)

❸   I | kept | **in touch** with the Pluto Group.
       나는 | 유지했어 | 플루토 그룹과 접촉을.(Pt275)

[❸]   Let's [| keep | **in touch**].
       우리 하자 [| 계속 | 연락].

[❸]   Now, promise [we | 'll keep | **in touch** (by email)].
       이제 약속해 [우리 | 유지하기를 | 접촉을 (이메일로)].

(stay in~)

❸ | Stay | **in touch**.
       | 유지해라 | 연락을.

(get in~)

❺   Could someone else | get ‖ him | **in touch** with me?
       누구 딴 사람 | 해 주시겠어요 ‖ 그를 | 나와 연락하게?

(keep in~)

⑤   You | still have to keep ‖ him | **in touch**.
     너는 | 여전히 해야 한다 ‖ 그와 | 연락을.

(put in~)

⑤   I | will put ‖ him | **in touch** with a lot of friends.
     나는 | 하겠다 ‖ 그를 | 많은 친구와 접촉하게.

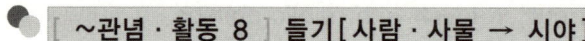 [~관념·활동 8] 듣기[사람·사물 → 시야]

(~듣기)

❶   We |'re **in sight** of the pass.
     우리는 | 고개가 보인다.(2LR367)

❶   No one | was **in sight**.
     아무도 | 보이지 않았어.(1LR205)

❶   Land | was **in sight**.
     육지가 | 보였다.

❶   It |'s **in our sights**.
     그건 | 우리 눈에 보인다. *거의 다 됐어.

❶」   There was」no end | **in sight**.
     끝이 | 보이지 않아.(Te447)

❶」   Still, there was」nothing | **in sight**.
     아직 아무 것도 | 안 보였어.(4HP540)

[❶]   With [Mr. Weston's ball | **in view**],
     [웨스톤 씨의 무도회가 | 보이게 (기대) 되면서,(Em201)

(come in~)

❸   Land | came | **in sight**.
     육지가 | 왔다 | 시야에 들어. *보이다.

(keep in~)

❺ A discerning man | keeps ‖ his wisdom | **in view**.
명철한 자는 | 유지한다 ‖ 지혜가 | 보이도록 (드러나게).(Pr17:24)

(kiss in~)

[❺] I started [| kissing ‖ everything | **in sight**].
나는 시작했어 [| 키스하기를 ‖ 뭐든지 | 눈에 드는].(Pops)

[~관념 · 활동 9] 들기[사람 → 수량/정도]

(~들기/~안)

❶ Form 29 | must be **in duplicate**.
양식 29는 | 2통이어야 한다.

❶ **What grade** are you | **in** ∨?
너는 | 몇 학년이니? *∨= What grade

❶ How may centimeters | are there **in an inch**?
몇 센티미터가 | 1인치이지?(ECD1242)

❶ They | are **in larger numbers**.
그들은 | 숫자가 많았다.

❶ Relax, I |'m still **in one piece**.
안심해, 난 | 아직 완전해 | 무사해.(Te370)

(come in~)

❸ They | came | **in even larger numbers** (to the place).
그들은 | 왔다 | 거대한 숫자로 (그 장소에).(Ac28:23)

(explain in~)

⑤   Could you | explain ‖ it | **in more detail**?
     넌 | 설명해 줄 수 있니 ‖ 그걸 | 좀 자세히?(ECD786)

(get in~)

⑦   I | got | here | all **in one piece**.
     나는 | 왔어 | 여기에 | 온전한 몸으로 (무사히).

(incorporate in~)

⑤   Till the holy church | incorporates ‖ two | **in one**.
     거룩한 교회가 | 결합시킬 때까지 ‖ 둘을 | 하나로.(R&J)

(want in~)

⑤   I'd like to cash this check. I | want ‖ it all | **in singles**.
     이 수표 바꾸고 싶은데요. 모두 1불짜리로 주세요.(EXD266)

 다섯 자리 문장

(turn in~)

A : What should I do to apply for the job?
    그 자리에 지원하려면 어떻게 해야 하나요?

B : 「⑪ You | have to turn 「in ‖ your resume | **in duplicate**
    first. 우선 이력서를 두 통 만들어 제출하여야 합니다.(ECD698)

● [~관념·활동 10] 들기/안 [사람·사물 → 형용사의 명사화]

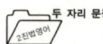 두 자리 문장

(~들기)

❶   He | was **in dark** (as to her plan).
     그는 | 몰랐다 (그녀의 계획에 대해).(Em301)

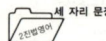 세 자리 문장

(come in~)

❸   You make great speech even though you | come | **in the cold**.
     너는 준비도 없이 멋진 연설을 한다.(EXD299)

(grope in~)

❸ He | groped | **in the dark** (for the key).
그는 | 더듬었다 | 어둠 속에서 (열쇠를 찾아).

(sleep in~)

❸ He | was sleeping | **in the cold and dark.**
그는 | 자고 있었어 | 추위와 어둠 속에서.

(fall in~)

❺ I | was falling ‖ all <u>over</u> myself | **in the dark.**
나는 어둠 속에서 잘해 보려고 수선을 떨었다.(EXD299)

(keep in~)

[❺] I don't want [| to keep ‖ him | **in the dark**].
나는 [그를 어둠에 두고] 싶지 않아. *모르게 하다.

(walk in~)

「❻ He | had to walk ‖ to school 「**in the cold.**
그는 | 걸어가야 했다 ‖ 학교에 「추위 속에.

관념 · 활동 짝수형

[~관념 · 활동 1] 듣기 / 안 [사람 → 관념 · 활동]

(drink in~)

❷ You | must drink || **in moderation.**
넌 | 술마셔야 한다 || 적당히.(ECD455)

(elect in~)

[❷] Who do you think [∨ | will be elected || **in the presidential election**]?
당신은 [누가 대통령 선거에서 당선될 거라고] 생각해요?(ECD524)

(improve in~)

❷ **What subject** does he | need to improve || **in** ∨?
그는 | 부족합니까 || 어떤 과목이?(ECD881) *∨ = What subject

(interest in~)

[❷] What got you [| interested || **in** this sort of work]?
어떻게 하여 [이런 일에 관심을 갖게] 되었나요?(ECD702)

(involve in~)

❷ Have you | ever been involved || **in any walkout?**
당신은 | 가담한 적이 있습니까 || 파업에?(ECD705)

[❷] I'm sorry I got you [| involved || **in this**].
[너를 이 일에 말려] 들게 해서 미안해.(ECD37)

(major in~)

❷ I | majored || **in political science.**
나는 | 전공했어요 || 정치학을.(ECD999)

(nod in~)

❷ Harry | nodded || **in Percy's direction.**
해리는 | 고개짓을 했다 || 퍼씨 쪽으로.(2HP85)

(persist in~)

❷　　He ｜ persists ‖ **in his son's innocence.**
　　　그는 ｜ 주장했다 ‖ 아들의 무죄를.

(rejoice in~)

❷　　｜ Rejoice ‖ **in your engagement.**
　　　｜ 축하해 ‖ 약혼을.((ECD601)

(specialize in~)

❷　　**What** do you ｜ specialize ‖ **in** ∨?
　　　무엇을 너는 ｜ 전문으로 하니 ‖ ∨?(TEPS)　*∨= What

(want in~)

❷　　He ｜ is wanting ‖ **in courage.**
　　　그는 ｜ 부족하다 ‖ 용기가.

(non-verb in~)

❷　　He ｜ is very slow ‖ **in temper.**
　　　그는 ｜ 매우 느려 ‖ 성미가.

❷　　I ｜ am weak ‖ **in mathematics.**
　　　나는 ｜ 약해 ‖ 수학이.

❷　　Both of you ｜ were wrong ‖ **in my opinion.**
　　　너 둘 모두 ｜ 틀렸어 ‖ 내 생각에는.(EXD181)

❷　　You ｜ are off ‖ **in your calculation.**
　　　너의 계산이 틀렸다.

(declare in~)

❻　　No one ｜ will be declared ｜ righteous ‖ **in his sight** (by observing the law).　누구도 ｜ 인정되지 않을 것이다 ｜ 의롭다고 ‖ 그가 보는
　　　앞에서는 (율법을 지킴으로).(Ro 3:20)

(get in~)

❻　　They ｜ would get ｜ rich ‖ **in the process.**
　　　그들은 그러는 과정에서 부자가 되기로 했어.(Pt93)

❻　　How did you ｜ get ｜ on ‖ **in your exam?**

너 시험 성적은 어땠니?

❻   Bill | is getting | off on the wrong foot ‖ in geometry.
     빌은 기하학에서 시작이 좋지 못하다.

(go in~)

[❻]   Didn't I tell you [| not to go | sailing ‖ in this weather]?
      [이런 날씨에 요트타러 가지 말라고] 말했잖아?(TEPS)

(stand in~)

❻   I | will stand | by you ‖ in this matter.
     나는 | 설 거야 (지지해) | 네 옆에 ‖ 이 문제에 있어서.

● [~관념 · 활동 1a] 듣기/안 [사람 · 사물 → 관념 · 활동 ; fate/life]

(believe in~)

❷   Do you | believe ‖ in fate?
     너는 | 믿니 ‖ 운명을?(1FND52)

[❷]   Perhaps you will make me [| believe ‖ in fate].
      아마 네가 나를 [운명을 믿게] 만드는군.(1FND52)

(non-verb in~)

❷   What do you think | is the most important thing ‖ in life?   인생에서 가장 중요한 것은 무엇이라고 생각합니까?(ECD707)

(get in~)

❻   He | 'll get | far ‖ in life.
     그는 출세할 것이다.

[❻]   Everyone want [| to get | ahead ‖ in life].
      누구든지 [(인생에서) 앞서기를] 원한다.

[❻]   A good education is one way [| to get | ahead ‖ in life].
      인생에서 발전할 수 있는 한 가지 방법은 훌륭한 교육을 받는 것이다.

186 50키워드영어 IN

[❻] I'd like to see anyone of you [| to get | on ‖ **in life**].
난 [너희들이 출세하는 것을] 보고 싶구나.

(have in~)

❹ We | had ‖ a son ‖ late **in life**.
우리는 | 얻었다 ‖ 아들을 ‖ 늦게.(ECD631)

(look in~)

❻ You | look | much better ‖ **in real life**.
넌 | 보여 | 훨씬 나아 ‖ 사진보다 실물이.(ECD201)

● [~관념 · 활동 2] 듣기/안[사물 → 관념 · 활동]

(pay in~)

❷ It | was paid ‖ **in cash**.
그건 | 지불되었다 ‖ 현금으로.

(result in~)

❷ Stress | can result ‖ **in pain**.
스트레스는 | 초래할 수 있다 ‖ 육체적 고통을.(TEPS)

(non-verb in~)

❷ Nothing | is evil ‖ **in itself**.
그 자체로서 악한 것은 하나도 없다.

❷ The product | is the best ‖ **in every respect**.
이 제품은 | 최고다 ‖ 모든 면에서.(ECD789)

❷ It | 's better way ‖ **in the long run**.
그건 | 더 나아요 ‖ 멀리 보면.(ECD503)

(blow in~)

❹ I | blew ‖ it ‖ **in the driving test** today.
나는 오늘 운전시험에 실패했어.(EXD441)

PART 2 - in~ 187

(buy in~)

[❹] It |'s dangerous [| to buy ‖ a pig ‖ **in a poke**].
[한번 찔러서 돼지를 (충동적으로 물건을) 사는 것은] 위험하다.(ECD372)

(come in~)

❻ The news | came | out ‖ **in his speech**.
뉴스가 ‖ 왔다 ‖ 나 ‖ 그의 연설에서.(EJD)

(get in~)

❹ I | got | a new start ‖ **in life** { after } I quit smoking.
담배를 끊고 난 { 후에 } 새로운 삶이 시작되었다.

❻ Word | must gotten | out ‖ **in a hurry**.
말이 ‖ 틀림없었다 ‖ 새어 나갔음에 ‖ 급하게.(EXO1294)

❻ The tables | get | turned ‖ **in the blink of an eye**.
눈 깜작할 사이에 입장이 바뀌게 되었어.(Pt224)

(have in~)

❹ I | have ‖ no interest ‖ **in golf**.
넌 ‖ 가졌다 ‖ 관심이 ‖ 골프에.(ECD1066)

(purchase in~)

[❹] He arranged [| to purchase ‖ the car ‖ **in equal payments**]. 그는 [그 차를 균등할부로 사기로] 주선했다.

(read in~)

❹ They | read ‖ their papers ‖ **in great details**.
그들은 ‖ 읽었다 ‖ 서류들을 ‖ 아주 꼼꼼하게.(Debt339)

(see in~)

❹ Did you | see ‖ any elephants ‖ **in your journey through India?** 인도를 여행할 때 코끼리를 보았습니까?

(give in~)

❽ Using this product | will give ‖ you ‖ a 50% increase ‖ **in production**. 이 제품을 사용하면 생산성을 50% 증대시켜 줄 것이다.(ECD789)

(have in~)

⑩   You | have ‖ a slight edge | on me ‖ **in that respect**.
넌 | 가졌다 ‖ 나보다 우위를 | 그 점에서.(ECD52)

[~관념 · 활동 2a] 듣기/안 [사람 · 사물 → 관념 · 활동 ; English]

세 자리 문장

(understand in~)

[❷]   Can you make yourself [| understood ‖ **in English**]?
당신은 [영어로 의사소통을] 할 수 있습니까?(ECD705)

(non-verb in~)

❷   He | is ahead of his class ‖ **in English**.
그는 | 자기 반 누구보다 앞서 있다 ‖ 영어에서.(EXD257)

❷   He | is behind others ‖ **in English**.
그는 | 남들보다 뒤져 있다 ‖ 영어에서.(#EXD257)

네 자리 문장

(call in~)

❹   What is this | called | V ‖ **in English**?
이것은 | 부르니 | 뭐라고 ‖ 영어로?(ECD76)   *V = What

(speak in~)

❹   She | spoke ‖ to him ‖ **in English**.
그녀는 | 말했다 ‖ 그에게 ‖ 영어로.

(write in~)

❹   I | wrote ‖ to him ‖ **in English**.
나는 | 편지를 썼다 ‖ 그에게 ‖ 영어로.

다섯 자리 문장

(call in~)

⑩   What do you | call (or say) ‖ this | V ‖ **in English**?

PART 2 – in~   189

넌 | 부르니 (말하니) ∥ 이것을 | 뭐라고 ∥ 영어로?(ECD76)   *V= What

(say in~)

❿　　How do you | say ∥ that | V ∥ **in English?**
　　　　넌 | 말하니 ∥ 그것을 | 어떻게 ∥ 영어로?   *V= How

● [~관념 · 활동 2] 들기/안 [사람 · 사물 → 수량/정도]

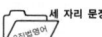

(divide in~)

❷　　This force | was divided ∥ **in two.**
　　　　이 부대는 | 쪼개졌다 ∥ 둘로. (EXO1288)

(non-verb in~)

❷　　His plan | was successful ∥ **in some measure.**
　　　　그의 계획은 어느 정도 성공했다.

❷　　I | am behind him ∥ **in rank.**
　　　　나는 그보다 지위가 낮다.

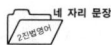

(agree in~)

❻　　I | agree | with you ∥ **in part.**
　　　　나는 어느 정도는 찬성이다.

❻　　I | agree | with you ∥ **in principle.**
　　　　나는 | 동의해 | 너와 ∥ 원칙적으로. (ECD786)

(buy in~)

❷　　Chain stores | buy ∥ goods ∥ **in huge quantities.**
　　　　연쇄점은 상품을 대량으로 사들인다.

(cut in~)

❹　　She | cut ∥ the apple ∥ **in two.**
　　　　그녀는 | 잘랐다 ∥ 사과를 ∥ 두 쪽으로.

❹　　| Cut ∥ the cake ∥ **in two.**

그 케이크를 둘로 잘라라.

(down in~)

❹ He | downed ‖ the medicine ‖ **in one swallow.**
그는 | 삼켰다 ‖ 약을 ‖ 단숨에.(ECD627)

(drink in~)

❹ | Drink ‖ the glass of wine ‖ **in one gulp.**
| 마셔라 ‖ 그 그라스의 와인을 ‖ 한 번에.

(rip in~)

❹ He | ripped ‖ his shirt ‖ **in half.**
그는 | 찢었다 ‖ 셔츠를 ‖ 반을.(1ER111)

(snap in~)

❹ He | snapped ‖ his wand ‖ **in two.**
그는 | 부러뜨렸다 ‖ 지팡이를 ‖ 두 쪽으로.(5HP119)

(tell in~)

❹ Could you | tell ‖ me ‖ **in meters?**
당신은 | 말해주겠어요 ‖ 내게 ‖ 미터로?(ECD1243)

다섯 자리 문장

(tell in~)

❽ | Please tell ‖ me ‖ the size ‖ **in inches.**
사이즈를 인치로 말해 주세요.(ECD357)

장소 · 위치

[~장소 1] 들기/안 [사람 → 지형/자연]

(~들기/~안)

❶　He｜was still **in the forest**.
　　그는｜아직 숲 속에 있었다. (KA4)

❶　I｜was not **in this city**.
　　나는｜이 도시에 없었어.

[❶]　I didn't know [you｜'re **in the market** (for another computer)].　난 [네가 (컴퓨터 사러) 시장에 나간 줄] 몰랐어. (TEPS)

❶　He｜is **in Dothan**.
　　엘리사는｜도단에 있나이다. (2Ki6:13)

❶」　There's」no one like you｜**in the world**.
　　당신같은 사람은｜세상에 없어요. (ECD558)

A :　❶ Watch our for pickpockets { when } you｜'re **in Italy**.
　　　이태리에서 { 는 } 소매치기를 주의하세요.

B :　I sure will, thanks.
　　　그러죠, 고마워요. (TEPS)

A :　❶ How long have you｜been **in Busan**?
　　　너는｜부산에 얼마나 있었니?

B :　For two years.
　　　2년 동안.

(dive in~)

❸　I｜have dove｜**in the river**.
　　난｜다이빙했다｜강 속에.

(fall in~)

❸   I | have fallen | **in the pond.**
난 | 빠졌다 | 연못 속에.

(jump in~)

❸   You | can run and jump | **in the park.**
너는 공원에서 달릴 수도, 뛸 수도 있다.

(live in~)

❸   **What area** would you | like to live | **in** ∨?
당신은 | 살기를 원해요 | 어느 지역에서?(ECD572) *∨= What area

❸」 There lived」 **in England」** a wise king.
살았다」 영국에」 한 현명한 한 왕이.

A : Where do you live?
어디 사세요?

B : ❸ I | live | **in San Francisco.**
샌프란시스코에 살아요.(ECD1002)

(move in~)

❸   My sister | moved | **in Seoul.**
여동생이 | 이사했다 | 서울에.

(plunge in~)

❸   I | have plunged | **in the river.**
난 | 추락했다 | 강 속에.

(swim in~)

[❸] I want [| to swim | **in the ocean**].
나는 [바다에서 수영을] 하고 싶어.

(walk in~)

❸   We | often walk | **in the park** (after lunch).
우리는 | 자주 산책한다 | 공원 안에서 (점심 식사 후).

(non-verb in~)

❸   He | is still a babe | **in the woods.**
그는 | 아직 (길 잃은) 아기다 | 숲 속의.(EXO951)

A : Can you tell me the way to City Hall?
시청 가는길 가르쳐 주시겠어요?

B : Sorry, ❸ I | 'm new | **in town** myself.
죄송하지만 나 자신도 이곳에 처음이에요.(TEPS)

 네 자리 문장

(find in~)

❺   The King's men | found ‖ the queen and the child | **in the forest.**   왕의 사람들이 여왕과 아이를 숲에서 발견했다.(KA21)

❼   She | was found | lying | **in the street.**
그녀는 | 발견되었다 | 길거리에 | 누워있는 채.

(get in~)

❼   More than 100,000 people | got | together | **in Central Park.**   10만 이상 군중이 센트럴 파크에 함께 모였다.

(go in~)

❼   They | went | mountain-climbing | **in the Alps.**
그들은 | 갔다 | 등산을 | 알프스에서.

(live in~)

❼   Do you | live | below | **in the valley?**
너 | 사니 | 아래 | 저 계곡 안에?(1FND58)

(lose in~)

❺   A child | lost ‖ himself | **in the woods.**
어린애가 | 잃었다 ‖ 길을 | 숲 속에서.

(meet in~)

❺   He | met ‖ her | **in the street.**
그는 | 만났다 ‖ 그녀를 | 거리에서. *on the street도 씀

(spend in~)

「❻   He | spent ‖ a whole year 「**in Russia.**
그는 | 보냈다 ‖ 전 1년을 「러시아에서.(TEPS)

(take in~)

[「❻   What do you say [| to taking ‖ a walk 「**in the park**]?
[공원에서 산책하는 게] 어때?(EXD165)

[~장소 2] 들기/안 [사물 → 지형/자연]

(~들기/~안)

❶ The tryouts | are **in Chicago**.
실력테스트는 | 시카고에서 해.

❶」 There are」 no clouds | **in the sky**.
구름 한 점 없어요. | 하늘에.(ECD1046)

❶」 There's」 plenty of space | **in the parking lot**.
많은 공간이 | 주차장에 있다.(ECD264)

(abound in~)

❸ Fish | abound | **in the sea**.
물고기는 | 풍부해 | 바다에.(#ECD1088)

(arrive in~)

❸ What time does the train | arrive | **in Chicago**?
몇 시에 기차가 | 도착하니 | 시카고에?(ECD234)

(come in~)

❸ This | just came | **in Busan**.
이것이 | 방금 들어왔다 | 부산에.

(hang in~)

❸ A rainbow | hangs | **in the sky**.
무지개가 | 걸려있다 | 하늘에.(ECD1062)

(non-verb in~)

❸ The airplane | is due | **in Kimpo Airport** at 5:00 p.m.
비행기는 | 예정이다 | 김포공항에 도착 5시에.(ECD925)

❸ The car | is second to none | **in Korea**.
이 차는 | 최고다 | 한국에서.(ECD246)

[❸] They found a colt [| outside | **in the street**].
그들은 발견했다 한 망아지를 [| 바깥 | 거리 안에서].(Mk11:4)

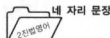 네 자리 문장

(cause in~)

❻ The flood | was caused ‖ by heavy rain 「in the Rocky Mountains. 홍수는 폭우에 의해 로키산맥에 일어났다.(TEPS)

(change in~)

❻ I | have to change ‖ flights 「in Chicago.
나는 | 갈아타야 한다 ‖ 비행기를 「시카고에서.(EXD471)

(go in~)

A : ❼ Is something | going | on | in the park today?
무슨 일이 | 있나요 | 일어나고 | 오늘 공원에서?

B : There are fireworks.
불꽃놀이가 있어요.(TEPS)

(knock in~)

❺ I | have knocked ‖ the pile | in the ground.
난 | 두드려 박았다 ‖ 파일을 | 땅 안에.

(lose in~)

❺ I | lost ‖ my shirt | in Las Vegas.
난 | 잃었다 ‖ 큰 돈을 | 라스 베가스에서.(ECD1164)

❻ He | lost ‖ his way 「in the forest.
그는 | 잃었다 ‖ 길을 「숲 속에서.(KA8)

❼ Your bag | was left | behind | in N.Y.
당신 가방은 | 쳐져 있어요 | 뒤로 | 뉴욕에.

(switch in~)

❻ You | have to switch ‖ planes 「in Seattle.
당신은 | 갈아타야 합니다 ‖ 비행기를 「시애틀에서.(EXD471)

(take in~)

❻ I | took ‖ these pictures 「in Africa.
나는 | 찍었어 ‖ 이 사진들을 「아프리카에서.

(throw in~)

❺ I | have thrown ‖ the ball | in the ground.
난 | 던졌다 ‖ 공을 | 운동장 안에.

[~장소 2a] 들기/안[사물(+사람*) → air]

(~들기/~안)

❶   Spring | is **in the air**.
      봄의 | 기운이 완연해.(TAT10)

❶   Christmas | was **in the air** (for weeks before).
      크리스마스는 | 한창 분위기였어 (몇 주 전부터).

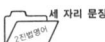

(belong in~)

❸*   He | belongs | **in the air**.
      그는 창공의 사나이야.(ID)

(non-verb in~)

❸   My decision | is still **up** | **in the air**.
      내 결정은 | 떠 있다 | 공중에.(ECD514) *아직 미정이다.

(build in~)

[❺]   Instead of working hard at her lessons, he spends her time [| building ‖ castles | **in the air**].
      열심히 공부하는 대신, 잡생각으로 시간을 보낸다.(EXD330)

(have in~)

❺*   She | always has ‖ her nose | **in the air**.
      그녀는 항상 콧대가 하늘 높은 줄 모른단 말야.(EID439)

❺   Seoul | has ‖ a lot of pollution | **in the air**.
      서울은 | 심하다 ‖ 오염이 | 공기의.

(shake in~)

❺*   He | shook ‖ his trembling finger | **in the air**.
      그는 | 흔들었다 ‖ 떨리는 손가락을 | 공중에.(OT84)

(see in~)

❺   You | can see ‖ it | **in the air**.
       넌 | 볼 수 있다 ‖ 그걸 | 공기 중에서.(TTK297)

● [~장소 3] 들기/안[사람 → 구조물]

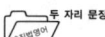

(~들기/~안)

❶   You | are **in court** next day.
       법정에 가는 날은 다음 날이야.

❶   Who | is **in your doghouse**?
       누가 | 가장 싫으니?(ECD1135)

A : ❶ Mr. Miller | has been **in the hospital**.
       밀로 씨가 입원해 있어요.

B : ❶ **Which hospital** is he | **in** ∨?
       어느 병원에 입원해 있죠?(ECD322) *∨= Which hospital

❶   Why aren't you | **in school**?
       왜 넌 | 학교에 가지 않니?(Spe82)

❶   He | is **in school**.
       그는 | 재학중이다.

❶   The LORD | is **in his holy temple**.
       주는 | 그의 거룩한 전에 계신다.(Ps11:4)

(assemble in~)

❸   In the evening, the people | assemble | **in the mosques**.
       저녁에, 사람들이 | 모인다 | 사원 안에.

(book in~)

❸   I |'ve booked | **in the Capital Hotel**.
       나는 | 예약했어요 | 캐피탈 호텔에.(ECD777)

(creep in~)

❸　I | have crept | **in the residence.**
　　　나는 | 잠입했다 | 저택 안에.

(dwell in~)

❸　Who | may dwell | **in your sanctuary**?
　　　누가 | 유할 수 있습니까 | 주의 장막 안에.(Ps15:1)

(flock in~)

❸　We | have flocked | **in the building.**
　　　우리는 | 모여들었다 | 그 빌딩 안에.

(go in~)

❸　Bob | went | **in the restaurant.**
　　　봅이 | 갔다 | 그 식당에 들어.

(hide in~)

❸　The murder suspect | was hiding | **in his garage.**
　　　살인용의자가 | 숨어있었다 | 그의 차고 안에.(EXD158)

(misbehave in~)

❸　He | misbehaves | **in** stores and restaurants { and } embarrasses us both.
　　　그는 | 못되게 행동한다 | 가게나 식당에서, 우리를 당황하게 한다.(EXD379)

(sit in~)

❸　| Please sit | **in your assigned seat** only.
　　　| 앉으세요 | 지정된 좌석에만.(ECD210, #ECD1198)

❸　Can I | sit | **in the seat**?
　　　나 | 앉아도 되니 | 그 의자에?

(turn in~)

❸　He | turned | **in the doorway.**
　　　그는 | 돌았다 | 출입구 통로 안에서.(GG70)

(wait in~)

❸　The star | has been waiting | **in the wings.**
　　　진짜 스타는 | 대기 중이었어 | 건물 날개 안에서 (옆에서).

(work in~)

A :　❸ Doesn't John | work | **in the same building** { as } you

　　　　do? 존이 | 일하지 않니 | 네가 일하는 같은 건물에서?

B : 　No, ❸ I | work | **in the one next door.**
　　　아니, 난 | 일해 | 옆 건물에서.(TEPS)

 네 자리 문장

(bump in~)

❺ 　I | bumped ‖ into him | **in a hotel lobby.**
　　나는 | 우연히 만났다 ‖ 그를 | 호텔 로비에서.(EXD16)

(catch in~)

❼ 　I | wouldn't caught | dead | **in casino.**
　　난 카지도 같은 데는 절대 가고 싶지 않아.(EXD146)

(let in~)

❺ 　She | let ‖ me | **in her study.**
　　그녀는 | 안내했다 ‖ 나를 | 서재로.

(lie in~)

❼ 　We | shall lie | all alike | **in our graves.**
　　누구나 똑같이 무덤에 들어간다. *죽으면 빈부의 차이도 없다.

(put in~)

❺ 　He | put ‖ one foot | **in the grave.**
　　그는 | 두었다 ‖ 한 발을 | 무덤에.(ECD1122) *앞날이 얼마 안 남다.

(see in~)

[❺] 　Can we go [| see ‖ her | **in the hospital**].
　　우리 [병원에 그녀를 문안하러] 갈까?(ECD127)

(shut in~)

❺ 　Mary | had shut ‖ Agatha | **in the vault.**
　　메어리가 | 가두었다 ‖ 아가타를 | 금고실 안에.(OHS42)

(spot in~)

❺ 　Somebody | spotted ‖ you | **in the library.**
　　누군가 | 보았어 ‖ 당신을 | 도서관에서.(WH58)

(wait in~)

〈「❻」 I have a person 〈| waiting ‖ for me 「**in the coffee shop**〉.
　　〈 커피 숍에서 나를 기다리고 있는 〉 사람이 있다.(ECD110)

(sell in~)

⓫　They | sell ‖ everything | at high price 「**in that store**」.
그들은 | 판다 ‖ 모든 것을 | 비싸게 | 저 가게에서는.(ECD344)

● [~장소 3a] 들기/안[사람(+물건*) → door]

(~들기/~안)

❶　My foot | is **in the door**.
내 발이 | 문 안에 있다. *시작이다.

❶　His fingers | were **in the door** for a few minutes.
그의 손가락들이 | 몇 분간 문에 끼어 있었다.

(catch in~)

❸*　My handbag | is caught | **in the door**.
내 핸드백이 | 끼였어요 | 문틈에.(ECD231)

(come in~)

❸　I | was coming | **in the door** (at our lodging).
나는 | 오고 있었다 | (하숙집) 문에 들어.(WS18)

[**❸**]　I see him [| coming | **in the door**].
그가 [지금 막 들어오는 것이] 보이는군요.(ECD643)

(smash in~)

❸　I | have smashed | **in the door**.
나는 | (문을) 부수고 | 문에 들었다.

(walk in~)

[**❸**]　He watched Diane [| walked | **in the door**].
그는 [다이엔이 문안에 걸어 들어오는 것을] 지켜보았다.(YAD158)

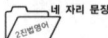 네 자리 문장

(get in~)

❺ He | soon got ‖ his foot | **in the door** { and } was performing in comedy clubs.
그는 곧 입문했 { 고 } 코메디 클럽에서 공연하고 있었다.(EXD282)

[❺] I think [I | got ‖ my foot | **in the door**].
난 [내 발이 문 안에 있다 (시작이다)] 고 생각해.

❼ His fingers | got | caught | **in the door**.
그녀의 손가락이 문에 끼게 되었다.

 다섯 자리 문장

(get in~)

⓫ She | got ‖ her foot | **in the door** | as a secretary, and she is a manager in the company.
그녀는 비서로 입문하여 지금 회사의 매니저이다.(EXD282)

 [~장소 3b] 들기 / 안 [사람 → 구조물 ; house/apartment]

 두 자리 문장

(~들기/~안)

❶ They | were **in the house**.
그들은 | 집에 있었다.

⟨❶⟩ I have no objection to Miss Benson ⟨ | being **in your apartment** ⟩. 나는 벤슨 양의 ⟨ | 네 아파트에 있는 것 ⟩ 을 반대하지 않아.(1FND34)

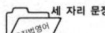 세 자리 문장

(dwell in~)

❸ I | will dwell | **in the house** of the Lord forever.
나는 | 거할 것입니다 | 주의 집에 영원히.(Ps23:6)

(get in~)

❸ You | should get | **in the house**, son.
너 집안으로 들어가야 해, 아들아.(FW18)

(go in~)

[❸] Let's [| go | **in the house**].
우리 [집에 들어가도록] 하자.

(keep in~)

❸ I | 'll keep | **in the house** { if } it rains.
나는 | 있겠다 | 집에, 비가 오면.

(live in~)

A : ❸ Do you | live | **in an apartment** or **in a house**?
아파트에 사세요, 단독 주택에 사세요?

B : ❸ I | | live | **in a small apartment**.
작은 아파트에 살아요.(ECD1003)

[❸] I want [| to live | **in the house** like that].
나는 [저런 집에 살기를] 원해.

(lodge in~)

❸ I | | lodge | **in his house**.
나는 | 하숙한다 | 그의 집에.(EXD112)

(get in~)

❺ Pet, | get ‖ him | **in the house**.
페트, 그 애를 집안으로 데리고 들어가요.(LOF74)

■ [~장소 3c] 들기/안[사람 → 구조물 ; jail / prison]

(~들기/~안)

❶ Why isn't he | **in jail**?
왜 그는 | 투옥되지 않니?(GG74)

❶   You │'d all be **in prison**.
       너희 │ 모두 투옥되었을 걸.(Fm256)

 세 자리 문장

(end·up in~)

❸   He │ ended·up │ **in jail**.
       그는 │ 결국 갔다 │ 감옥에.(ECD1161)

(put in~)

❸   You│'re gonna be put │ **in jail**.
       너는 │ 있게 될 거야 │ 감옥에.(Pt376)

❸   John │ had been put │ **in prison**.
       요한이 │ 가두어졌어 │ 감옥에.(Mt4:12)

 네 자리 문장

(get in~)

「❻   He │ got ‖ two years 「**in jail**.
       그는 2년형을 선고받았다.

「❻   He │ got ‖ a year 「**in prison** (for robbery).
       그는 금고 2년형을 선고받았다.

(land in~)

❺   His rash actions │ landed ‖ him │ **in prison**.
       그의 무모한 짓이 │ 가게 했다 ‖ 그를 │ 감옥에.(EPV139)

(leave in~)

❺   He │ left ‖ Paul │ **in jail**.
       그는 │ 두었다 ‖ 바울을 │ 감옥에.(Ac24:27)

(put in~)

❺   │ Put ‖ him │ **in jail**.
       │ 넣어라 ‖ 그를 │ 감옥에.(ECD1170)

(spend in~)

「❻   He │ spent ‖ thirty minutes 「**in jail**, then …
       그는 │ 보냈다 ‖ 30분을 「감옥에서, 그리고 … (Pt56)

(throw in~)

❺　Without even arresting us, the police | just threw ‖ us | **in jail**.　경찰은 체포절차를 밟지도 않고 우리를 감옥에 처넣었다.(EPV247)

　[~장소 3d] 들기/안[사람 → 구조물 ; office]

(~들기/~안)

❶　He | 's **in my office**.
그는 | 내 사무실에 있어.(Fm125)

❶　Nobody | is **in the office**.
아무도 | 사무실에 없어.(ECD767)

〈❶〉　Go to the judge 〈 who | is **in office** at that time 〉.
〈 그 시간에 업무 중인 〉 재판관에게 가거라.(Dt17:9)

(bustle in~)

❸　We | bustled | **in the office**.
우리는 | 법석을 떨며 | 사무실에 있었다 (또는 들어갔다).

(coop in~)

[❸]　I'm sick and tired of [| being cooped | **in this office**].
난 [이 사무실에 갇혀 있는 것이] 지겹다.(ECD167)

(wait in~)

❸　He | waited | **in his office**.
그는 | 기다렸다 | 사무실에.(Fm75)

(non-verb in~)

❸　He | is here | **in my office**.
그는 | 여기 있어 | 내 사무실에.(Fm252)

❸　He | is a jewel | **in our office**.
그는 | 보배다 | 사무실에서.(ECD1120)

(ask in~)

❺   He | asked ‖ Mitch | to be **in his office** (in an hour to begin work).
         그는 | 요구했다 ‖ 미치가 | (한 시간후 일하러) 사무실에 있게. (Fm64)

(see in~)

❺   I | don't see ‖ him | **in the office** (today).
         (오늘은) 그가 사무실에 안 보이는데요.

(want in~)

❺   They | want ‖ us | **in Lambert's office** (in ten minutes).
         그들은 | 원해 ‖ 우리가 | (10분후) 사무실에 오도록. (Fm126)

(work in~)

❻   You | can do ‖ your work 「**in my office** { if } you want.
         넌 | 할 수 있다 ‖ 네 일을 「내 사무실에서, 네가 원한다면. (ECD731)

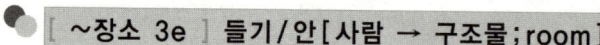

[~장소 3e] 들기/안 [사람 → 구조물 ; room]

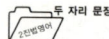

(~들기/~안)

❶   He | 's still **in the room**.
         그는 아직 방안에 있어. (TS)

A :   I'm not the first, am I?
       제가 제일 먼저 온 건 아니죠?

B :   ❶ No, the others | are all **in the dining room**. The food is in there.   네, 모두 식당에 있어요. 음식이 거기 있어요. (ECD832)

(bow in~)

❸   We | were bowed | **in a room**.

우리는 | 인사를 받으며 | 방에 들었다.

(get in~)

❸   You | can't get | **in that room**, it's off limits.
     당신은 | 갈 수 없어요 | 그 방에 들어. 통제구역이에요.(EXD512)

(lock in~)

❸   He | was locked | **in a room.**
     그는 | 갇혔다 | 방안에.(Sph324)

(slip in~)

❸   I | have slipped | **in the room.**
     나는 | 몰래 | 방에 들어갔다.

(call in~)

❺   I | called ‖ the girl | **in the room.**
     나는 | 불러 ‖ 그 소녀를 | 방안에 들였다.

(have in~)

⌜❻   Can I | have ‖ one more night ⌜**in my room**?
     내가 하루 밤 더 숙박할 수 있을까요?(ECD404)

(invite in~)

❺   I | have invited ‖ her | **in my room.**
     나는 | 초대했다 ‖ 그녀를 | 내 방에 들도록.

(kick in~)

⌜❻   I | have kicked ‖ the door ⌜**in the room.**
     나는 | 발로 차서 ‖ 그 문을 ⌜방에 들었다.

(let in~)

❺   I | let ‖ her | **in the room.**
     나는 | 했다 ‖ 그녀를 | 방에 들게.

(read in~)

⌜❻   He |'s reading ‖ a book ⌜**in the room.**
     그는 | 읽고 있어 ‖ 책을 ⌜방안에서.

(show in~)

❺   I | have shown ‖ him | **in my room.**
나는 | 안내했다 ‖ 그를 | 내 방 안에.

(shut in~)

❼   He | stayed | shut | **in his room.**
그는 | 지냈다 | 갇혀 | 그의 방에. (2HP46)

● [~장소 4] 들기/안 [사물 → 구조물]

(~들기/~안)

❶   My IDs | are **in the office.**
내 신분증들은 | 사무실에 있어요.

❶   The book ⟨ I want to refer ⟩ | is not **in the library.**
⟨ 내가 참고하고 싶은 ⟩ 책이 | 도서관에 없어요. (ECD874)

(pend in~)

❸   The case | is still pending | **in court.**
그 사건은 | 아직 계류중이다 | 법원에. (ECD1173)

(pull in~)

❸   A train | had pulled | **in the station.**
기차가 | 들어왔다 | 역 안에.

(give in~)

[❺]   He refused [| to give ‖ evidence | **in the court**].
그는 [법정에서 증언을] 거부했다. (ECD1173)

(keep in~)

❺   Why don't we | just keep ‖ the trial | **in the courtroom?**
이 재판문제는 법정에 맡겨두도록 합시다. (4SC96)

(leave in~)

❺ I | left ‖ them (= my IDs) | **in the office.**
난 | 두었다 ‖ 신분증들을 | 사무실에 놔.(ECD259)

(parke in~)

❺ I | have parked ‖ my car | **in the garage.**
난 | 주차했다 ‖ 차를 | 차고 안에.

(put in~)

❺ He | put ‖ the Grail | **in it** (= the church).
그는 | 두었다 ‖ 그 성배를 | 그 (교회) 안에.(KA33)

[~장소 4a] 들기/안 [사물 → hole]

(~들기/~안)

❶ The key | was **in the keyhole.**
열쇠는 | 열쇠 구멍에 들어 있었다.

(fit in~)

❸ The key | doesn't fit | **in the keyhole.**
열쇠가 | 맞지 않아 | 열쇠 구멍에.

(get in~)

❺ He | got ‖ the key | **in the keyhole.**
그는 | 두었다 ‖ 열쇠를 | 열쇠 구멍에 꽂아.

❺ I | cannot get ‖ the key | **in the hole.**
나는 | 할 수 없어 ‖ 열쇠를 | 구멍에 들어가게. *맞지 않다.

[~장소 4b] 듣기/안 [사물 → store]

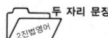

(~들기/~안)

❶   New troubles | were **in store** for them.
그들을 위한 새로운 고난이 | 있었다.(CN722)

(lie in~)

[❸]   He has no idea [what | lies | **in store**].
그는 [무엇이 자기 앞에 기다리는지] 모른다.(6HP33)

(carry in~)

A : ❺ Do you | carry ‖ appliances | **in this store**.
이 가게에서 전자 제품을 팝니까?

B : Yes, they are in Aisle 5.
네, 5번통로에 있어요.(TEPS)

(have in~)

❺   The man | has ‖ something | **in store**.
그 남자는 뭔가를 비축해 두고 있다.

❺   We | have ‖ a surprise party | **in store** for Jean. Don't tell her! 우린 진을 위해 깜짝 파티를 준비중이야. 진에게 말하지 마!(EID382)

[~길 1] 듣기/안 [사람 → 길]

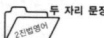

(~들기/~안)

❶   He | was **in the way**.

그는 ǀ 길에 있어. *방해가 돼.

[❶]   I ǀ hope [I ǀ 'm not **in the way**].
나는 바래 [내가 ǀ 방해되지 않기].

A :   Excuse me. May I get by, please?
실례해요. 좀 지나가도 될까요?

B :   Oh, sure. [❶] I'm sorry [I ǀ was **in your way**].
오, 그러세요. [길을 막고 있어서] 죄송해요.(ECD74,EXD144)

❶   We ǀ were **in the same course** ten years ago.
우리는 ǀ 10년 전에 같은 반에 있었다.(ECD17)

❶   We ǀ 're **in the wrong lane**.
우린 ǀ 차선을 잘못 들었어.(ECD257)

❶   I ǀ 'm **in the family way**.
나 ǀ 임신했어.(ECD629,EXD144)

❶   I ǀ 'm **in your family way**.
나는 ǀ 당신 가정에 방해된다.(EXD144)

 세 자리 문장

(get in~)

❸   He ǀ is always getting ǀ **in my way**.
그는 ǀ 항상 방해 돼 ǀ 내 길에.

❸   ǀ Get ǀ **in the right lane**.
ǀ 들라 ǀ 오른 쪽 차선에.(ECD257)

(stand in~)

❸   You ǀ are standing ǀ **in my way**.
네가 ǀ 막고 있어 ǀ 내 길을.

 네 자리 문장

(embarrass in~)

❺   We ǀ don't want [ǀ to embarrass ǁ him ǀ **in a way**].
우리는 [그를 당황하게 하고 싶지 않어].(EXD196)

(get in~)

❼   People said that if he ǀ went ǀ **on** ǀ **in that way**, he would lose her. 사람들은 [그가 그런 식으로 계속하면, 그녀를 잃을 것이라고] 말했다.

(guide in~)

⑤ He | guides ∥ me | **in paths** of righteousness for his name's sake. 그는 자기 이름을 위하여 나를 의의 길로 인도하신다.(Ps23:3)

[~길 2] 들기/안[사물 → 길]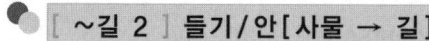

(~들기/~안)

A : ❶ The potted plant | is **in the way**.
그 화분이 | 길을 가로막고 있어.

B : Do you think so? I'll put it somewhere else, then.
그렇게 생각해? 그러면 딴 곳에 둘게.(EXD)144)

(get in~)

[❸] I'm not going to let anything [| get | **in my way**].
나는 [내 방식에 어떠한 방해도] 받지 않을 거야.

[❸] I think [Jane's ego | is getting | **in the way** of her own success. 난 [제인의 자아는 그녀 자신의 성공에 방해가 되고 있다고] 생각해.(EID438)

(stand in~)

❸ The desk | stands | **in the way**.
그 책상은 | 서 있어 | 길에. (방해되게)

❸ Great difficulties | stand | **in the way** of his achievement. 큰 어려움이 | 가로막고 있어 | 그의 성공의 길에.(EXD)

(park in~)

⑤ Someone | had parked ∥ a car | **in his way**.

누군가가 그가 가는 길에 차를 주차했다.(EID438)

(put in~)

❺   Let me [| put ‖ it | **in this way**].
      내가 [그걸 이렇게 이야기 해보게] 해줘.

● [~위치 1a] 들기/안 [사람 · 사물 → direction]

(~들기/~안)

❶   I | 'm **in** the same direction.
      난 | 같은 방향이다.

❶   I | 'm **in** that direction.
      난 | 그 방향이다.(ECD507)

(go in~)

❸   I | 'm going | **in the same direction**.
      난 | 가고 있다 | 같은 방향으로.(ECD106, EXD25)

❸   So they divided the land they were to cover, Ahab | going | **in one direction** and Obadiah in another.
      두 사람은 두루 다닐 땅을 나누어 사람은 아합은 이 길로 가고 오바댜는 저 길로 갔다.(1Ki18:6)

❸   Are those buses | going | **in** that direction.
      저 버스들이 | 가는가요 | 저 방향으로.(ECD224)

(head in~)

[❸]   I think [we | 're heading | **in the wrong direction**].
      난 [우리가 잘못된 방향으로 가고 있다고] 생각해.(ECD106)

(run in~)

❸   Every runner | is running | **in the same direction** clockwise.   모든 주자가 | 달리고 있어요 | 똑같이 시계방향으로.(EXD513)

(follow in~)

❺ We | followed ‖ him | **in** the same direction.
우리는 | 따랐다 ‖ 그를 | 같은 방향으로.

(go in~)

❼ She | went | after him | **in** the same direction.
그녀는 | 갔다 | 그의 뒤를 따라 | 같은 방향으로.

(push in~)

[❺] They always want [| to push ‖ him | **in** the same direction]. 그들은 항상 [그를 같은 방향으로 밀어붙이기를] 원한다.

[~위치 1b] 들기/안 [사람 · 사물 → front]

(~들기/~안)

❶ The Dodgers | were **in front**.
다저스가 | 선두였다.(Ph58)

❶ The three young men | were **in front**, and three behind.
젊은이 셋이 | 앞에, 셋이 뒤에 있었어.(Te254)

(come in~)

❸ I | came | **in front**.
나는 | 왔다 | 앞으로.

(stand in~)

❸ We |'ll stand | **in front** (of the statue over there).
우리는 | 서 있을 거야 | (저기 동상) 앞에.(ECD197)

(run in~)

⑥ She | has been run ‖ over to death 「in the front of us.
그녀는 | 차에 치여 ‖ 죽게 되었다 「우리 목전에서.

(see in~)

⑤ I | saw ‖ your father | in the front.
나는 | 보았어 ‖ 네 아버지를 | (병원) 프론트에서.(MR)

A : That was a thick fog this morning.
오늘 아침 안개기 짙게 깔렸어.

B : ⑥ Yeah, we | couldn't see ‖ anything | in front of us
그래요, 앞에 있는 것이 아무 것도 보이지 않았어요.(ECD1056)

● [~위치 1c] 들기/안[사람·사물 → line]

(~들기/~안)

❶ Are you | in line, sir?
당신 | 줄 선 거예요?(ECD1203)

❶ You | are in the wrong line.
너 | 줄 잘 못 섰어.(Champ)

❶ That | is not in my line.
그건 | 내 분야가 아니에요.(ECD83)

(butt in~)

❸ | Don't butt | in line.
새치기하지 말아요.(ECD1202)

(cut in~)

❸ | Don't cut | in line.
새치기하지 말아요.(ECD1202)

(get in~)

❸ Well, | get | **in line**.
그럼, 줄 서라.(NF14)

(keep in~)

❸ | Keep | **in line**.
있어라 | 선 안에.(TC67) *줄서라.

(sneak in~)

❸ You | shouldn't sneak | **in the line**.
너는 | 새치기해서는 안돼 | 줄에.

(stand in~)

❸ | Stand | **in line**.
| 서라 | 줄에.(ECD1202)

❸ He | stood | **in the long line**.
그는 | 섰다 | 긴 줄에.(Fm325)

(stay in~)

❸ | Stay | **in line**.
| 머물러라 | 줄에.

(wait in~)

A : ❸ (How long) will we | have to wait | **in line** (for tickets)? (얼마나) 우리는 | 기다려야 하니 | (표를 사려면) 줄에서?

B : The line is starting to move now.
이제 줄이 움직이기 시작해.(TEPS)

(get in~)

❺ We | got ‖ any horse owners | **in this line**.
우리는 | 세워 ‖ 말의 주인들을 | 이 줄에.(Champ)

(keep in~)

[❺] While we are at the funeral for Ralph, I want you [| to keep ‖ the children | **in line**].
랄프 장례식에서 당신이 아이들 좀 조용히 시켰으면 해.(EID471)

[~위치 1d] 들기/안 [사람·사물 → middle]

(~들기/~안)

❶ I｜'m **in the middle** of cooking right now.
나는 ｜ 지금 요리 중이야.(EXD525)

❶ I｜ was **in the middle** of a dream.
나는 ｜ 꿈을 꾸고 있었어.(Pops)

❶」 There is」 a line ｜ **in the middle.**
선이 ｜ 가운데 나 있어.(ECD734)

(sleep in~)

❸ I｜ slept ｜ **in the middle** of the movie.
나는 ｜ 잤다 ｜ 영화 중간에서.

(stick in~)

❸ I｜ was stuck ｜ **in the middle** of the road.
나는 ｜ 걸렸어 ｜ 길 중간에서.(TEPS) *교통체증에 걸리다.

(break in~)

❼ My car ｜ broke ｜ <u>down</u> ｜ **in the middle.** of the high way.
내 차가 ｜ 고장나 ｜ 고장났다 ｜ 고속도로에서.(EXD115) *이중서술

(get in~)

❼ I｜ got ｜ caught ｜ **in the middle.**
나는 ｜ 됐어 ｜ 잡히게 ｜ 중간에서.(Pt276)

PART 2 – in~   217

[~위치 1e] 들기/안 [사람·사물 → place]

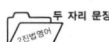

(~들기/~안)

❶ Ryan | was **in place**.
라이언은 | 자리에 있었다. (EXO250)

❶ You|'re **in the right place**.
당신 | 잘 오셨어요. (GH)

❶ They | were **in the right place**.
그들은 | 제대로 찾아갔다. (Te250)

❶ Their hearts | were **in the right place**.
그들의 마음은 | 따뜻했어.

❶ The homemade ladder | was **in place**.
집에서 만든 사다리가 | 자리잡고 있었어. (Fm410)

❶ The furniture | was not **in place**.
그 가구는 | 제 자리에 있지 않았다. (EJD)

(fall in~)

❸ Your conspiracy theory | will fall | **in place**.
너의 공모이론은 | 떨어질 거야 | 맞아. (Fm401)

❸ The pieces | will all fall | **in place** shortly.
부분들이 | 모두 떨어질 것이다 | 곧 맞아. (HRO302)

A : [❸] Everything seems [| to be falling | **in place** lately].
모든 것들이 [요즘 잘 맞아 떨어지는 것] 같아요.

B : Yeah, I think we are lucky.
네, 우리가 운이 좋은 것 같아요. (TEPS)

(keep in~)

❸ My personal things | are kept | **in their proper place**.
내 개인용품들이 | 유지되어 있었다 | 정돈 상태로. (Fm401)

218 50키워드영어 IN

 네 자리 문장

(do in~)

「❻   What would you | do ‖ ∨ 「in my place?
  네가 내 경우에 있다면 어떻게 할래?(ECD1210) *∨ = What

(keep in~)

❺ | Keep ‖ things | in their right place.
  | 두어라 ‖ 물건들을 | 제 자리에.(Amy)

(make in~)

❺ | Don't make ‖ a scene | in such a public place.
  | 피우지마세요 ‖ 소란을 | 이런 공공장소에서.(ECD1203)

(put in~)

❺ | I'll put ‖ him | in his place.
  내가 | 놓겠다 ‖ 그를 | 그의 자리에.(ECD145,1121) *혼내주겠다.

「❺   You | must put 「in place ‖ moderates ⟨ who can create a modern society ⟩.
  너희들은 ⟨ 현대 사회를 창조할 수 있는 ⟩ 온건파를 배치해야 한다.(NW)

(see in~)

[「❻]   I came here [| to see ‖ you 「in place of the president].
  제가 [회장님을 대신하여 뵈러] 왔습니다.(ECD764)

(spend in~)

A :   Dad, it's Saturday. Can I have my allowances for this week?   아빠, 오늘 토요일인데요. 이번 주 용돈 주실 수 있어요?

B :   Sure. Here you go. ❺ | Don't spend ‖ it all | in one place.   그럼, 자 여기 있다. 다 써버리지는 마라.(ExD275)

(stack in~)

❼   The cages stacked { and } | tied | down | in place.
  우리들이 더미로 쌓 { 고 } | 묶어서 | 내려 놓였다 | 제 자리에.(EXO293)

● [~위치 1f] 들기/안[사람·사물 → position]

(~들기/~안)

❶　　We ｜ are not **in an attractive position**.
　　　　우리는 ｜ 유리한 입장에 있지 않아.(HRO257)

❶　　Seoul ｜ is **in the position** ⟨ of extending aid to African states ⟩.　한국정부는 ｜⟨ 아프리카에 원조를 제공할 만한 ⟩ 위치에 있다.

(place in~)

[❸]　I don't enjoy [｜ being placed ｜ **in this position**].
　　　　나는 [이런 입장에 처하기를] 즐기지 않는다.

(put in~)

❺　　｜ Put ‖ yourself ｜ **in Kramer's position**.
　　　　｜ 두어봐라 ‖ 네 자신을 ｜ 크레이머의 입장에.(Chb597)

● [~위치 2a] 들기/안[사람·사물 → here]

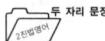

(~들기/~안)

❶　　" ｜ **In here**."
　　　　.｜ 이 안으로.(1HP151)

❶　　He ｜ is not **in here**.
　　　　그는 ｜ 여기에 없어.(RAD)

❶　　Nobody else ｜ has been **in here**.
　　　　아무도 여기에 있지 않았어.

❶ We |'ll **in here**.
   우린 | 여기에 있을 거야.(R&J99)

📁 세 자리 문장

(come in~)

❸ | Come | **in here**.
   | 와라 | 이 안에.(Papi)

(get in~)

❸ You | will not get | **in here**.
   네가 이리로 들어오지 못하리라.(2Sa5:6)

(move in~)

❸ Are you | moving | **in here**.
   너 | 이사오니 | 여기에.(Amy)

(slip in~)

❸ The burglar | must have slipped | **in here** while we were in the garden.
   도둑은 우리가 정원에 있는 동안 여기로 슬쩍 침입한 게 틀림없다.(EPV248)

(step in~)

❸ Could you | step | **in here**?
   너 | 오겠니 | 이 안에.(Pt324)

(non-verb in~)

❸ Who |'s next | **in here**?
   누가 | 다음 | 차례니?(Fm213)

📁 네 자리 문장

(bring in~)

❺ | Bring ‖ him | **in here**.
   | 데려와 ‖ 그를 | 이 안에.(3HP224)

(come in~)

❼ | Don't come | back | **in here**.
   | 오지 마라 | 돌아 | 이 안으로.(SK)

(have in~)

⑤ What do we | have ‖ ∨ | (**in**) **here**!
우리는 | 가지는가 ‖ 무엇을 | 여기서! *이게 누구야!

(move in~)

⑤ I | moved ‖ everything | **in here**.
나 | 옮겼어 ‖ 모두 | 여기에.(OUTA)

(put in~)

⑤ | Put ‖ the garbage | **in here**.
| 넣어라 ‖ 쓰레기를 | 여기 안에.

(set in~)

⑤ I | 'll never set ‖ foot | **in here** again.
난 다시는 절대 얼씬도 않을 겁니다.(ECD344)

(write in~)

⑤ You | can write 「**in** ‖ additional comments | **here**.
추가 설명은 여기에 써넣으면 됩니다.(EPV253)

[~위치 2b] 들기/안 [사람 · 사물 → there]

(~들기/~안)

❶ " | **In there**."
| 그 안으로 (들어가).(Papi)

❶ They | 're **in there**.
그것들은 | 그 안에 있어.(Fm162)

❶ She | is **in there** somewhere.
그는 | 그 안 어딘가 있어.(SK)

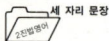

(change in~)

❸ You | can change | **in there**.
너 | 갈아입으면 돼 | 거기서.(4FND54)

(get in~)

❸ | Get | **in there** { and } fight.
링에 들어가서 싸워.(Champ)

(go in~)

❸ People | don't go | **in there**.
사람들은 | 안 가 | 그 안에.(1LR121)

[❸] Let's [go | **in there**].
우리 [안에 들어가도록] 해요.(TEPS)

(hang in~)

❸ | Hang | **in there**.
거기서 버텨라.(NF15)

A : How're you doing?
어떻게 지내니?

B : ❸ | Hanging | **in there**.
버텨나가고 있어.(EXD18)

(keep in~)

❸ | Keep | **in there!**
힘내라!, 그래 그렇게 하면 돼!

(leave in~)

❺ Perhaps he | had left ‖ the book | **in there**.
아마 그가 | 두었는지 몰라 ‖ 그 책을 | 그 안에.(1HP182)

● [~위치 3a] 들기/안[사람 → 기타 위치]

(~들기/~안)

❶ Arafat | is **in a corner**.
아라파트 | 곤경에 처해 있다.(NW)

❶   I│'m **in a hole**.
     나는 │ 적자를 보고 있다. (ECD1042)

❶   I │ was just **in the neighborhood**.
     나 │ 근처에 잠깐 들렀어. (TEPS) *Neighborhood 이웃, 근처

❶   Their heart │ weren't really **in it**.
     그들 마음은 │ 실제로는 그것에 있지 않았어. (5ESL210)
     *They didn't really want to do it.와 같은 의미

 세 자리 문장

(come in~)

❸   **Where** do I │ come │ **in**?
     내 역할이 무엇이니?

(get in~)

❸   │ Please get │ **in the back**.
     │ 앉으세요 │ 뒤 좌석에. (ECD778)

(sit in~)

❸   │ Please sit **in a circle**.
     │ 앉으세요 │ 원형으로. (ECD1090)

❸   I│'d like to sit │ way・**in the back**.
     난 │ 앉는 걸 좋아해요 │ 멀리 뒤 자리에. (ECD1198)

(stand in~)

[❸]   I saw you [│ standing │ **in a queue**].
     나는 [네가 줄 서 있는 것을] 보았다.

 네 자리 문장

(belong in~)

❺   I│ don't belong │ here │ **in heaven**.
     나는 │ 속하지 않아 │ 이곳 │ 천국에. (Pops)

(have in~)

A :   I live next door. My name is Dick Brown.
     저는 옆집에 살아요. 딕 브라운입니다.

B : [❺] Nice [| to have ‖ you | **in the neighborhood**]. My name is Jack Johnson.
[이웃이 되어] 반가워요. 잭 존슨입니다.(EXD510)

(put in~)

❺ I | put ‖ my foot | **in it** today.
나는 오늘 실수를 했어.

A : When I talked back to my father, he seemed to be so angry. 내가 말대꾸 했을 때 아버지는 아주 화가 난 것 같았다.

B : ❺ You | really put ‖ your foot | **in it**.
너 정말 실언했다.(EXD157)

[~위치 3b] 듣기/안[사물 → 기타 위치]

(~들기/~안)

❶」 There is」 a smoking section | **in the back**.
흡연구역은 | 뒤에 있습니다.(ECD71,1159)

❶ She | was **in the distance**.
그녀는 | 멀리 있었다.

❶ Our citizen ship | is **in heaven**.
우리의 시민권은 | 천국에 있다.(Phi3:20)

A : Would you mind if I smoke here?
여기서 담배 피워도 될까요?

B : Yes. This is the nonsmoking section.
아니요, 여긴 금연입니다.

(arrange in~)

❸ Video cassettes | are arranged | **in a row**.
비디오테이프가 | 정렬되어 있다 | 일렬로.(TEPS)

(make in~)

❸ Match < | made | **in heaven** >.
천생연분.(속담)

(lie in~)

❸ Korea | lies | **in the east of Asia.**
한국은 | 위치해 | 동아시아에.

(refer to~)

❸ The subject | has been referred (‖) to ∨ | **in the preface.** 그 주제는 | 언급되어 있었어 | 서문에. *∨ = The subject

(rise in~)

❸ The sun | rises | **in the east.**
해는 | 뜬다 | 동쪽에서.

(non-verb in~)

❸ Your seat | is left | **in the back.**
손님 좌석은 | 왼쪽입니다 | 뒤 편.(ECD227)

(have in~)

❺ Do you | have ‖ anything | **in a lower price range.**
좀 더 싼 가격대의 것은 없어요?(EXD306)

(see in~)

❺ I | used to see ‖ Fee | **in the distance.**
나는 | 보고는 했다 ‖ 그녀를 | 멀 발치서.(TB151)

(throw in~)

❺ He | 's going to throw ‖ his hats | **in the ring** for the presidential election.
그는 대선에 출마할 것을 발표하려고 한다.(ECD1195)

 장소·위치 짝수형

 [~장소] 듣기/안[사람 → 장소·위치]

 세 자리 문장

(born in~)

❷   Were you | born ‖ **in a barn?**
       너 광에서 태어났니? *문을 잘 닫지 않을 때 하는 말.

(look in~)

❷   She | looked ‖ **in his direction.**
       그녀는 | 바라보았다 ‖ 그가 있는 쪽을.

(park in~)

❷   Somebody | (is) parked ‖ **in my parking space.**
       누가 | 주차 해 두었다 ‖ 내 주차 자리에. (ECD263)

(non-verb in~)

A :   Check to see if it's clear on the left. I'm gonna back up.
       왼쪽에 이상 없는지 봐줘. 후진할 테니까.

B :   O.K. ❷ You | 're clear ‖ **in the back.**
       좋아. 뒤에는 괜찮아. (ECD264)

 네 자리 문장

(beat in~)

❹   Nobody | beats ‖ us ‖ **in this field.**
       누구도 | 능가하지 못한다 ‖ 우리를 ‖ 이 분야에서. (ECD785)

(bother in~)

❹   Children | bother ‖ their family ‖ **in many ways.**
       자식들은 | 괴롭힌다 ‖ 부모를 ‖ 여러가지 방법으로. (ECD635)

(call in~)

❹   Who | 's calling ‖ the shots ‖ **in this office?**

누가 이 사무실에서 실세입니까?(EXD297)

(overtake in~)

❹　Korea | overtook ‖ Japan ‖ **in the field** of shipbuilding.
한국이 | 따라 잡았다 ‖ 일본을 ‖ 조선 분야에서.

(taper in~)

❹　Trim the sides { and } | taper ‖ it ‖ **in the back**.
옆은 다듬고 뒤는 깎아 주세요.(ECD608)

[~장소 2] 듣기/안[사물 → 장소·위치]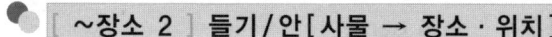

(go in~)

❷　Whatever she says | goes ‖ **in our home**.
그녀가 말하는 무엇이든지 | 통한다 ‖ 우리 집에서는.

(make in~)

A : Who makes this product?
이것은 어느 회사 제품 이예요?

B : ❷ It | is made ‖ **in Korea**.
한국제입니다.(ECD335)

(permit in~)

❷　Smoking | is not permitted ‖ **in this building**.
흡연은 | 금지입니다 ‖ 이 빌딩 안에서.(TEPS)

(non-verb in~)

❷　It | 's muggy ‖ **in here**.
| 푹푹 찌네요 ‖ 여기는.(TEPS)

❷　This place | is the most exclusive restaurant ‖ **in this area**. 이곳이 | 가장 고급스러운 식당이예요 ‖ 이 지역에서.(ECD439)

❷　It | 's like a sauna ‖ **in here**.
| 사우나 같아요 ‖ 여기는.(TEPS)

❷　It | was your idea ‖ **in the first place**.
그건 | 너의 아이디어였잖아 ‖ 애당초.(EXD395)

❷　　The weather ｜ is like fall ‖ **in Korea**.
　　　날씨가 ｜ 가을 같아요 ‖ 한국의.(ECD1045)

[❷]　I just hope [the weather ｜ will be like this ‖ **in New York**]. 나는 [뉴욕도 이곳처럼 날씨가 좋기를] 바래요.(TEPS)

네 자리 문장

(crowd in~)

❻　　Does it ｜ get ｜ crowded ‖ **in here**?
　　　여기 사람이 많이 붐비나요.(TEPS)

(do in~)

[❹]　I have decided to [what ｜ ｜ should have done ‖ ∨ ‖ **in the first place**]. 난 [애초에 했어야 했을 일을] 결정했다.(YAD326) *∨ = what

(go in~)

❹　　What does housing ｜ go ‖ for ∨ ‖ **in this area**?
　　　이 지역의 집값은 얼마나 됩니까?(ECD573) *∨ = what

(have in~)

❹　　We ｜ had ‖ a long, cold weather ‖ **in Korea**.
　　　우리는 ｜ 가졌다 ‖ 길고 추운 겨울 ‖ 한국에서.(ECD1059)

(look in~)

❻　　Anything ｜ would look ｜ nice ‖ **in Peter's apartment**.
　　　뭐든지 ｜ 보일 거야 ｜ 멋있게 ‖ 피터 아파트에 있으면.(WYS104)
　　　* '피터 아파트에 있다' 면이라는 가정문이므로 짝수형으로 분류

(take in~)

❻　　You ｜ can't take ‖ pictures ‖ **in this area**.
　　　당신은 ｜ 찍을 수 없어요 ‖ 사진을 ‖ 이 지역에서.(ECD203)

다섯 자리 문장

(take in~)

❿　　Why did he ｜ take ‖ part ｜ in the race ‖ **in the first place**? 애당초 왜 그는 경기에 참가한 거지?(EXD410)

시간

[~시간 1] 들기/안 [사람 · 조직 → 시간]

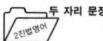

(~들기/~안)

❶ We | are just **in time**.
우리는 | 시간에 맞춰 왔어.(#ECD240)

❶ They had a good time, but I | was not **in it**.
그들은 재미있게 지냈지만 나는 | 거기에 끼지 않았다.

❶ I |'m **in my forties**.
난 | 40대 입니다.(ECD994)

❶ This man | was **in his late twenties**.
이 사람은 | 20대 후반이었어.(Sp311, #ECD994)

❶ He | is **in years**.
그는 | 나이가 들었다.

[❶] Remember [we | are **in September**].
[우리가 9월에 있는 것을] 기억해.(OM&S)

❶ I |'ll be **in a minute**.
난 | 곧 올게요.

❶ Parliament | is now **in recess**.
의회는 | 지금 휴회중이야.

❶ The court | is **in session**.
재판이 | 진행됩니다.

A : ❶」 **What year** are」 you | **in** ∨?
몇 학년이세요? *∨= What year

B : I'm a senior.
대학 4학년입니다.(ECD999)

(advance in~)

❸   He | is advanced | **in years**.
       그는 | 많이 들었다 | 나이가.(ECD994)

(come in~)

❸   You | came | just **in time**.
       당신은 | 왔어요 | 마침 좋은 시간에.(ECD757)

❸   He | 'll be coming | **in a minute**.
       그가 | 올 겁니다 | 곧.(ECD752)

❸   The men 〈 whose names were listed 〉| came | **in the days** of Hezekiah king of Judah.
       녹명된 자가 유다 왕 히스기야 때에 가서.(1Ch4:41)

(die in~)

❸   He | died | **in his seventies**.
       그는 | 죽었다 | 일흔 몇 살인가에.(ECD1198)

(non-verb in~)

❸   He | is well <u>along</u> | **in years**.
       그는 상당히 나이를 먹었다.

❸   I |'ll be <u>back</u> | **in a minute**.
       난 | 돌아올 게요 | 곧.

❸   He |'ll be <u>out</u> | **in a moment**.
       그가 | 나올 겁니다 | 곧.(ECD752)

❸   Miller | was a small, energetic man | **in his forties**.
       밀러는 | 땅딸막하고 활기에 찬 남자였다 | 사십대.(YAD346).

❸   He |'ll be <u>with</u> you | **in a moment**.
       그가 | 올 겁니다 | 곧.(ECD752)

(catch in~)

❻   I | just caught ‖ you 「**in time**.
       마침 때맞추어 전화 잘 하셨군요.(ECD654)

⑥ We | have caught ‖ this thing **in time**.
우리는 | 잡았어 ‖ 이것을 「제 때에 맞추어.(Fm418)

(examine in~)

⑥ The doctor | will examine ‖ you **in a minute**.
의사가 | 진찰할 거예요 ‖ 당신을 「곧.(ECD936)

(get in~)

⑥ I | got ‖ to the office **in time**.
나는 | 도착했어 ‖ 사무실에 「정시에.

⑥ We | just got ‖ to the station **in time**.
우리는 시간 내에 역에 도착했다.

⑦ I | got | out | just **in time**.
나는 | 되었다 | 나가게 | 시간에 맞게.

⑦ We | scarcely got | home | **in time**.
우리는 | 아슬아슬하게 도착했다 | 집에 | 시간에 맞게.(Em221)

A : ⑦ Don't worry, John | will get | here | **in time**.
염려 마, 존은 시간에 맞춰 여기 올 거야.

B : I hope so.
그랬으면 좋겠어.(TEPS)

⑦ If she | is getting | along | **in years**.
만일 그녀가 나이가 들어 혼기가 지나면.(1Co7:36)

⑦ Dad | is getting | on | **in years**.
아버지는 | 되고 있다 | 계속 | 연세가.

(get in~)

A : I'm sorry, I dropped my fork. Could you bring me another one?
미안해요. 포크를 떨어뜨렸는데 다른 것을 가져다 주시겠어요?

B : 「⑨ Yes. I | 'll get ‖ you ‖ one **in a minute**.
네 곧 갖다 드리겠습니다.(ECD435)

[~시간 2] 들기/안[사물 → 시간]

(~들기/~안)

❶ It | 'll be **in no time**.
그것은 | 곧 될 거야.

❶ The battle | was **in the year 1190**.
그 전투는 | 1190년에 있었다.

A : Hasn't the August issue come out?
8월호 아직 안나왔나요?

B : ❶ Not yet, | maybe **in a few days**.
아직이요, 아마 며칠후.(TESPS)

(come in~)

❸ This oracle | came | **in the year** King Ahaz died:
이 경고는 | 왔다 | 아하스 왕의 죽던 해에.(Isa14:28)

(do in~)

❸ It | 'll be done | **in no time**.
그것은 | 될 거야 | 곧.

(hold in~)

❸ Chu-suk | is held | **in fall**.
추석은 | 쉰다 | 가을에.(TAT10)

(do in~)

❺ I | 'll do ‖ it | **in no time**.
난 | 할 거야 ‖ 그것을 | 곧.(ECD97)

(question in~)

❺ The Emperor Trajan | questioned ‖ the oracle | **in the year 115**. 트라잔 황제는 | 질문했다 ‖ 그 경고에 대해 | 115년에 있은.

시간 짝수형

[~시간 짝수형 1] 듣기/안[사람 → 시간]

(call in~)

❷   I | 'll call again ‖ **in five minutes.**
내가 | 다시 걸게요 ‖ 5분후.(ECD663)

(come in~)

❷ | Come again ‖ **in a day or two.**
| 또 오세요 ‖ 하루 이틀 지나.

(do in~)

❷   He | 'll be done ‖ **in a minute.**
그는 | 끝날 거예요 ‖ 곧.(ECD651)

(eat in~)

[❷]   I felt as [though I | hadn't eat ‖ **in days**].
며칠 째 쫄쫄 굶은 것 같아.(EXD51)

(leave in~)

❷   She should be well enough [| to leave ‖ **in a week or two**]. 그녀는 [1,2주 후에 떠날 수] 있을 만큼 좋아질 것이다.

(return in~)

❷   Can I | go { and } | return ‖ **in a day or two?**
내가 가서 당일에 돌아올 수 있어요?(ECD234)

(non-verb in~)

❷   I | 'll be more cautious ‖ **in the future.**
난 | 더욱 조심할 게 ‖ 앞으로.(ECD41)

❷   I | 'll be <u>back</u> ‖ **in an hour.**
난 | 돌아 오겠다 ‖ 한 시간 후.

❷   She | is <u>on</u> ‖ **in seven seconds.** Six. Five.

그녀는 | 방영 ‖ 7초 전이야. 6초, 5초.

A : ❷ I | 'll be through ‖ **in a minute**.
  잠시후면 끝날 거야.

B : Take your time. We have plenty of time.
  천천히 해. 시간은 충분해.(ECD98)

네 자리 문장

(get in~)

[❻] I hope [we | 'll get | together again ‖ **in a few days**].
  나는 [우리가 가까운 시일 내에 다시 함께 만나기를] 바래.(ECD10)

[❻] I hope [| to get | married ‖ **in my late twenties**].
  나는 [20대 후반에 결혼하고] 싶다.(ECD995)

(hear in~)

❹ I | haven't heard | <u>from</u> her ‖ **in years**.
  몇 년 전부터 그녀와 소식이 끊겼어.(EXD18)

(see in~)

A : ❹ Jane, I | haven't seen ‖ you ‖ **in ages**.
  제인, 정말 오랜만이야.

B : Yeah, what have you been up to lately?
  맞아, 요즘 어떻게 지내?(TEPS)

다섯 자리 문장

(give in~)

❽ Could you | give ‖ me | a ride to the airport ‖ **in the morning?** 공항에 차 좀 태워 줄 수 있니?(TEPS)

(pick in~)

A : ❿ Can you | pick ‖ me | <u>up</u> ‖ **in an hour?**
  너 한 시간 후에 날 데리러 올 수 있니?

B : Sure, where are you?
  그럼, 어디 있니?(TEPS)

[~시간 짝수형 2] 듣기/안[사물 → 시간]

(build in~)

❷ Rome | was not built ‖ **in a day.**
로마는 | 세워지지 않았다 ‖ 하루에.(속담)

(close in~)

❷ Our shop | will be closing ‖ **in ten minutes.**
우리 가게는 | 닫습니다 ‖ 10분 후에.(ECD370)

(do in~)

❷ The task | was done ‖ **in ten minutes.**
일은 | 끝났다 ‖ 10분 만에

(improve in~)

❷ Export orders | improved ‖ **in the last month.**
수출주문이 | 호전되었다 ‖ 지난 달.

(non-verb in~)

❷ May peace and happiness | be yours ‖ **in the New Year.** 평안과 행복이 | 당신에게 있기를 ‖ 새해에.(ECD600)

(come in~)

❻ Dawn | comes | early ‖ **in July.**
새벽이 | 온다 | 일찍 ‖ 7월에는.

(cross in~)

❹ He | crossed ‖ the desert ‖ **in 39 days.**
그는 | 횡단했다 ‖ 그 사막을 ‖ 39일 동안.

(down in~)

❹ I | downed ‖ two hamburgers ‖ **in two minutes.**
나는 | 먹어 치웠다 ‖ 햄버거 둘을 ‖ 2분 동안에.(ECD443)

(go in~)

❹   I | need to go ‖ to my friend's baby shower ‖ **in the afternoon.**   나는 | 가야 해 ‖ 친구 출산 파티에 ‖ 오후.(TEPS)

(have in~)

❹   Everybody | has ‖ a good appetite ‖ **in autumn.**
누구나 | 있다 ‖ 좋은 식욕이 ‖ 가을에.(ECD443)

(make in~)

A :   ❹ How much does John | make ‖ ∨ ‖ **in a year**?
존은 | 버니 ‖ 얼마나 | 1년에? *∨= How much

B :   Your guess is as good as mine.
나도 몰라.(TEPS)

(pass in~)

⟨❹⟩   Ships ⟨ that | pass ‖ **in the night** ⟩.
한 번 잠시 만나고 다시 못 만날 사람.

(smell in~)

[❹]   He gulped down his supper as [though he | had not smelled ‖ food ‖ **in months**].
그는 몇 달 동안 음식 구경을 못한 사람처럼 저녁을 게걸스럽게 먹었다.

(want in~)

❹   What kind of things do you | want ‖ ∨ ‖ **in your future**?
당신은 | 원합니까 ‖ 무슨 종류의 일을 ‖ 장래?(ECD707)

(wake in~)

❻   He | woke | up ‖ several times ‖ **in the night.**
그는 밤중에 여러 번 잠을 깨었다.

(give in~)

❽   I | 'll give ‖ you ‖ another call ‖ **in a few days.**
내가 | 할 게 ‖ 네게 ‖ 다시 전화 ‖ 며칠 후.(ECD663)

명사외의 것

[~동사 1 홀수형] 들기/안[사람·사물 → 동사(+형용사*)]

(~들기/~안)

❶   He | is **in building**.
그는 | 건축 관계에 종사해.

❶   The promise | is **in writing**.
약속은 | 서면으로 되어 있다.

❶   There was」 much trouble | **in learning**.
많은 어려움이 | 배우는 데 있다. *어려움이 많다.

(make in~)

❸   All requests for applications | must be made | **in writing**.   응모 요청은 | 이루어져야 한다 | 서면으로.

(work in~)

❸   I | have been working | **in marketing** (for 10 years).
나는 | 일해오고 있다 | 마케팅 분야에서 (10년간).

(non-verb in~)

[❸]   You have to put it [| **down** | **in writing**].
당신은 그것을 [문서로 작성하여] 야 합니다.(ECD385)

(have in~)

❺   I | have ‖ much trouble | **in learning**.
난 | 있다 ‖ 많은 어려움이 | 배우는 데.(EXD352)

(let in~)

❺*　　| Let ‖ them | **in close**.
　　　| 해라 ‖ 그들은 | 접근하게.(RaSi877)

(make in~)

❺　　He | made ‖ the promise | **in writing**.
　　　그는 | 했다 ‖ 그 약속을 | 서면으로.

(put in~)

[❺]　　I will have you [| put ‖ that | **in writing**].
　　　나는 [그것을 서면으로 약속] 하겠어요.(ECD532)

(want in~)

❺　　He | wants ‖ the promise | **in writing**.
　　　그는 | 원해 ‖ 그 약속을 | 서면으로.

[~동사 2 짝수형] 들기/안[사람·사물 → 동사]

(absorb in~)

❷　　He | was absorbed ‖ **in reading**.
　　　그는 | 열중했다 ‖ 독서에.

(non-verb in~)

❷　　He |'s direct ‖ **in talking**.
　　　그는 | 직선적이다 ‖ 말하는데.(EXD1117)

❷　　He | is moderate ‖ **in drinking**.
　　　그는 | 절제한다 ‖ 술을 마심에 있어서.(EXD59)

(have in~)

❹　　He | has ‖ difficulty ‖ **in hearing**.
　　　그는 | 있어 | 어려움이 ‖ 듣는 데에. *귀가 멀다.

❹　　I | have ‖ difficulty ‖ **in smelling**.

나는 | 있어요 || 곤란이 || 냄새 맡는 데.(ECD311)

[❹] He seems [| to have || much difficulty || **in breathing**].
그는 [숨쉬기가 곤란한 것] 같아요.(ECD296)

(spend in~)

❹ He | spends || much time || **in reading**.
그는 | 할애한다 || 많은 시간을 || 독서에.

[~비정형절 1 홀수형] 들기/안[사람·사물 → 비정형절]

(~들기/~안)

❶[❷] There was│ no trouble | **in** [**finding** water].
물을 찾는 것에는 아무 문제가 없었다.

❶[❺] His first mistake | was **in** [**asking** me out].
그의 첫 째 실수는 | [나보고 나가라는 것] 이었다.

❶[❺] The problem | is **in** [**making** everything work].
문제는 | [모든 것을 가동하도록 만드는 것] 에 있다.(DOH354)

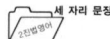

(make in~)

❸[❺] Undoubtedly, a mistake | was made | **in** [**asking** the World Bank to play a central role in examining the historical validity of its own doctrines when applied to East Asia's experience].
의심할 바 없이, 하나의 실수가 | 행해진 것이었다 | [세계은행이 동아시아의 경험에 적용되는 독트린의 역사적 타당성을 조사하는 데에 중추적 역할을 하도록 요구한 것] 에서.

(have in~)

❺[❷] I | had || no trouble | **in** [**finding** her house].

나는 | 없었다 ‖ 어려움이 | [그녀의 집을 찾는 데] 에.(EXD352)

(make in~)

❺[❷] You | made ‖ a mistake | **in** [**asking** him].
너는 | 했다 ‖ 실수를 | [그에게 부탁한 것] 에서.

[~비정형절 2 짝수형] 듣기/안 [사람·사물 → 비정형절]

(drown in~)

❶[❷] They | were drowned ‖ **in** [**crossing** the river].
그들은 | 익사했다 ‖ [강을 건너다] 가.

(interest in~)

[❷[❷]] Tell me [why you | are interested ‖ **in** [**working** for this company]].
[왜 이 회사에서 일하고 싶은 지] 말해주세요.(ECD702)

(persist in~)

❷[❷] He | persists ‖ **in** [**going** his own way].
그는 | 고집했다 ‖ [마음대로 하겠다] 고.

(result in~)

❷[❷] This | will result ‖ **in** [**your being** witness to them].
이것이 도리어 너희에게 증거가 되리라.(Lk21:13)

(succeed in~)

❷[❷] He | succeeded ‖ **in** [**solving** the problem].
그는 | 성공했다 ‖ [문제 푸는 데].

(trip in~)

❷[❷] He | tripped | **in** [**racing** for the bus].
그는 | 넘어졌다 | [버스 타러 뛰는] 중에.

(non-verb in~)

❷[❷] She | was adamant ‖ **in** [**refusing** to marry the man].
그녀는 | 요지부동이다 ‖ [그와 결혼을 거부하는 데] 에.(ECD519)

❷[❷]   They | are busy ‖ (**in**) [**preparing** for the examination].
그들은 | 바쁘다 ‖ [시험준비하는 데] (에).

❷[❷] | Be careful ‖ (**in**)[**crossing** the street].
| 주의해 ‖ [도로를 횡단함] 에 있어서.

❷[❷]   We | shall be careful ‖ **in** [**deciding** what (how) to do].
우린 | 신중해야 해 ‖ [무엇을 (어떻게) 할 것인가] 에.(ECD513)

❷[❷]   They | were late ‖ **in** [**paying** me].
그들은 | 늦었다 ‖ [내게 지불함] 이.

[❷[❷]] You | are right ‖ **in** [**saying** [I am]].
너희 말과 같이 내가 그니라.(Lk22:70)

❷[「❺」] He | 's behind ‖ **in** [**handing** in his homework].
그는 과제물 제출이 늦었다.

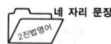

(encourage in~)

❹[❷]   I | encouraged ‖ him ‖ **in** [**doing** his hardest].
나는 | 격려했어 ‖ 그를 ‖ [최선을 다하] 도록.

❹[❷]   I | shall lose ‖ no time ‖ **in** [**doing** it].
나는 그 일을 지체 없이 해 치우겠다.

❹[❷]   I | recommend ‖ caution ‖ **in** [**dealing** with this matter].
나는 | 충고한다 ‖ 조심하기를 ‖ [이 문제를 다루] 면서.

(have in~)

❹[❷]   I | have ‖ a poor hand ‖ **in** [**playing** tennis].
나는 | 없다 ‖ 소질이 ‖ [정구 경기에].(ECD1067)

(join in~)

❹[❹] | Please join ‖ me ‖ **in** [**wishing** him the success].
| 함께 해주세요 ‖ 나와 ‖ [그의 성공을 기원함에].(TEPS)

[~정형절] 듣기/안[사람·사물 → 정형절]

(~들기/~안)

❶[❷] There is⌐ some reason | **in** [**what** he says].
있다⌐ 일리가 | [그가 하는 말] 에.

(find in~)

❸[❷] Some truth | can be found | **in** [**what** he says].
약간의 진리가 | 발견될 수 있다 | [그가 말하는 것] 에서.

(give in~)

❷[❷] The tin drum | gave ‖ **in** [**where** I kicked in].
내가 양철북을 발로 찼더니 쑥 들어갔어.(NQE)

(rush in~)

❸[❷] Fools | rush | **in** [**where** angels fear to tread].
바보는 | 돌진한다 | [천사가 걷기를 무서워하는 곳] 에.(속담)

(non-verb in~)

❷[❸] The conclusion | is wrong ‖ **in** [**that** it is based on false premises].   잘못된 전제에 근거하고 있다는 점에서 그 결론은 틀렸다.

(recognize in~)

❺[❷] Others | will recognize ‖ the truth | **in** [**what** he says].
다른 사람들은 | 인식할 것이다 ‖ 진리를 | [그가 말하는 것] 에서.

(put in~)

❺[❷] I | Don't put ‖ too much confidence | **in** [**what** the newspaper says].
[I 두지 마라 ‖ 너무 큰 확신을 | [신문에 말하는 것] 에.(ECD1078)

(non-verb in~)

in that 설명

❹[❷] She | 's unusual ‖ <u>for</u> a commuter ‖ <u>in</u> [**that** she's never late for work].
그녀는 | 특이하다 ‖ 통근자로는 ‖ [그녀가 직장에 결코 늦지 않는다는] 점에서.

기타 용법

● [형용사적 수식어]

1. ~사람

⟨ ⟩　the tallest boy ⟨ **in his class** ⟩.
　　　〈 반에서 〉 가장 키 큰 소년.

⟨ ⟩　a wound ⟨ **in the head** ⟩.
　　　〈 머리의 〉 상처.

⟨ ⟩　a pain ⟨ **in the neck** (or ass) ⟩.
　　　〈 목 (또는 엉덩이) 의 〉 고통. *골치덩어리.

⟨ ⟩　a thorn ⟨ **in the side** ⟩.
　　　〈 옆구리의 〉 가시.(속담)

⟨ ⟩　How were your grades ⟨ **in college** ⟩?
　　　〈 대학에서의 〉 성적은 어땠어요?(ECD708)

⟨ ⟩　Tel me something about your experience ⟨ **in college** ⟩.
　　　〈 대학시절의 〉 경험에 대해 좀 이야기 해주세요.(ECD708)

⟨ ⟩　You're a pain ⟨ **in the ass** ⟩.
　　　너는 〈 엉덩이 〉 의 통증(골치)야.(Champ)

⟨ ⟩　No lawyer ⟨ **in his right mind** ⟩ really missed the courtroom.　〈 정신이 바른 〉 변호사라면 법정을 그리워하지 않았다.(Te190)

2. ~물건

⟨ ⟩　a tall man ⟨ **in an overcoat** ⟩.
　　　〈 외투를 입은 〉 키 큰 남자.

⟨ ⟩　a man ⟨ **in spectacles, a red tie** ⟩.
　　　〈 안경을 낀, 빨간 넥타이를 맨 〉 남자.

⟨ ⟩　　a woman ⟨ **in black** ⟩.
　　　　⟨ 검은 옷을 입은 ⟩ 여인.

⟨ ⟩　　a bird ⟨ **in a cage** ⟩.
　　　　⟨ 새장 안의 ⟩ 새.

⟨ ⟩　　a rat ⟨ **in the trap** ⟩.
　　　　⟨ 덫에 걸린 ⟩ 쥐. *독안의 쥐.(속담)

⟨ ⟩　　a statue ⟨ (done) **in marble** ⟩.
　　　　⟨ 대리석 (으로 만든) ⟩ 조상.

⟨ ⟩　　the latest thing ⟨ **in motorcycles** ⟩.
　　　　⟨ 오토바이 ⟩ 최신형.

3. ~관념 · 활동

⟨ ⟩　　the officer ⟨ **in command** ⟩.
　　　　⟨ 지휘하는 ⟩ 장교.

⟨ ⟩　　a young school boy ⟨ **in love** ⟩.
　　　　⟨ 사랑에 빠진 ⟩ 어린 학생.(MG435)

⟨ ⟩　　the boy's haircut ⟨ now **in fashion** ⟩.
　　　　⟨ 지금 유행하는 ⟩ 남자애 머리모양.(EXD71)

⟨ ⟩　　a reduction of 10 cents ⟨ **in the dollar** ⟩.
　　　　⟨ 1달러당 ⟩ 10센트 할인.

⟨ ⟩　　payment ⟨ **in lump sum** ⟩.
　　　　⟨ 덩어리 ⟩ 지불.(TEPS) *일시불.

⟨ ⟩　　a degree ⟨ **in chemical engineering** ⟩.
　　　　⟨ 화공학 ⟩ 의 학위.(TEPS)

⟨ ⟩　　a life ⟨ **in politics** ⟩.
　　　　⟨ 정치계의 ⟩ 생활.

⟨ ⟩　　She graduated with a degree ⟨ **in biology** ⟩.
　　　　그녀는 ⟨ 생리학 ⟩ 학위로 졸업했다.

⟨ ⟩　　Let me put on the person ⟨ **in charge of that matter** ⟩.
　　　　⟨ 그 일을 맡은 ⟩ 담당자를 바꿔드리겠습니다.(ECD684)

〈 〉　You're a diamond 〈 **in the rough** 〉.
　　　당신은 〈 가공하지 않은 〉 다이아몬드입니다.(ECD52)　*숨은 인재.

〈 〉　We have something 〈 **in common** 〉.
　　　우리는 〈 공통 〉 점이 있어.

〈 〉　It was a blessing 〈 **in disguise** 〉.
　　　그건 〈 전화위복 〉 이었어.(EXD357)

〈 〉　I don't follow the trends 〈 **in fashion** 〉.
　　　나는 〈 유행 〉 을 따르지 않아요.(ECD360)

〈 〉　A : How much do I owe you?
　　　　제가 얼마 드려야 하죠?

　　　B : Thirty dollars 〈 **in total** 〉.
　　　　〈 다 합해서 〉 30달러요.(TEPS)

4. 장소 · 위치

〈 〉　a star 〈 **in the sky** 〉.
　　　〈 하늘의 〉 별 하나.

〈 〉　a pie 〈 **in the sky** 〉.
　　　〈 하늘의 〉 파이.(EXD432)　*그림의 떡.

〈 〉　the highest mountain 〈 **in the world** 〉.
　　　〈 세계에서 〉 가장 높은 산.

〈 〉　a chair 〈 **in the garden** 〉.
　　　〈 정원의 〉 의자.

〈 〉　a square peg 〈 **in a round hole** 〉.
　　　〈 둥근 구멍의 〉 사각형 쐐기.　*적합하지 않은 사람.

〈 〉　Next person 〈 **in line** 〉, please.
　　　다음 차례 〈 나와요 〉.

〈 〉　Can I get a seat 〈 **in the balcony** 〉?
　　　〈 발코니 〉 좌석을 구할 수 있어요?(ECD209)

5. 시간

⟨ ⟩　　the coldest day ⟨ **in ten years** ⟩.
　　　　⟨ 지난 10년 동안에 ⟩ 가장 추운 날.

⟨ ⟩　　the hottest day ⟨ **in 40 years** ⟩.
　　　　⟨ 40년 만에 ⟩ 가장 더운 날.

⟨ ⟩　　A stitch ⟨ **in time** ⟩ saves nine.
　　　　⟨ 제 때의 ⟩ 한 바늘이 나중에 아홉 바늘을 절약한다.(속담)
　　　　*호미로 막을 일을 가래로 막는다.

[부사적 수식어]

1. 물건·장소

‖　　Someday I'll make you pay for this ‖ **in spades**.
　　　언젠가 꼭 복수하고 말거야. -몇배로.(EXD540)

‖　　It's hot (‖ **in here**).
　　　(여기는) 더워.(Champ)

‖　　It is a little lonely (‖ **in the desert**).
　　　(사막에선) 조금 외롭구나.(TLP74)

‖　　Where (‖ **in the world**) have you been hiding yourself?
　　　넌 (도대체) 어디서 숨어 지냈니?(ECD14)

2. 관념·활동

‖　　‖ **in that case**.
　　　(만약) 그러한 경우에는.

‖　　‖ **in fact**.
　　　사실은.

- ‖ **In case** of rain, the athletic meeting will be postponed.
  비가 오면 운동회는 연기될 것이다.
- The inspector looked around, as if ‖ **in search of something.** 조사관은 둘러봤어, 마치 (뭔가 찾는 것)처럼.

3. 시간

- ‖ **in a moment.**
  순식간에, 당장.
- ‖ **in another moment.**
  순식간에.
- ‖ **in the morning (afternoon, evening).**
  오전 (오후, 저녁) 에.
- ‖ **in the daytime.**
  낮에.
- ‖ **in one night.**
  하룻밤 사이에.
- ‖ **in January.**
  1월에.
- ‖ **in the late 1960s.**
  1960년대 말에.
- ‖ **in the past.**
  과거에.
- ‖ **in (the) future.**
  장래에, 장래에는, 장차.
- ‖ **in one's childhood.**
  어린 시절에.
- ‖ **in one's life (lifetime).**
  자기의 생전에.

- It's rains a lot (‖ **in summer**).
  비가 많이 와 (여름에).

‖　It often very cold here (‖ **in winter**).
　　여기는 종종 매우 추워 (겨울에).

‖　　‖ **In a word,** he is a fine gentleman.
　　한마디로, 그는 멋진 신사다.(EXD187).

A : 　Jane, did you check the mailbox?
　　제인, 편지함 확인했어요.

B : 　Yeah, ‖ **in the morning.**
　　네, 아침에요.(TEPS)

4. 비정형절

❶[❷] ‖ **In** [**reaching** for a glass], he knocked over the ashtray.　유리잔에 손을 뻗으면서 그는 재떨이를 엎어버렸다.

5. 정형절

❷[❷] ‖ **In** [**that** you won't have time for supper], let me give you something now.
　　[네가 저녁 먹을 시간이 없는] 만큼, 지금 네게 뭘 주려고 해.
　　*in that~: because; in as much as

　[명사 부속어]

1. 관념 · 활동

- **six inches · in depth.**
　깊이 6인치.

- **ten feet · in length.**
　길이 10피트.

- **six feet · in height.**
  높이 6피트.
- **five · in number.**
  숫자 다섯.
- **only one · in ten.**
  열에 하나 뿐.
- **nine · in ten.**
  십중팔구.
- **not one · in a hundred.**
  백중에 하나도 없는.

- Our chances of winning are **one · in five.**
  우리가 이길 가능성은 5분의 1이다.
- That's was **one · in a million.**
  그것은 백만분의 일 정도의 확률이었다.(SWa37)
- The man was **about five feet and six inches · in height.**
  그 남자는 키가 대략 5피트 6인치였어.
- The access hatch was just **over three feet · in diameter.**
  접근 해치는 직경 3피트를 바로 넘었어.
- It's a cellular and cordless phone **all · in one.**
  그것은 일체로 장착된 무선 휴대폰이다.

2. 장소 · 위치

- **three days · in a row.**
  3일 연속.(ECD253,1049)

- While driving in Boston, we got lost and **drove many miles · in the wrong direction.**
  보스톤에서 차를 몰다가 길을 잃어 엉뚱한 방향으로 몇 마일이나 갔다.(EXD496)

3. 시간

- **37 points · in a week.**
  일주일에 37 포인트. (ECD1200)
- **once · in a blue moon.**
  아주 드물게. (EXD530)

- It happens **once · in a lifetime.**
  그런 일은 일생에 한 번은 일어난다.
- Please come and see me **once · in a while.**
  가끔 놀러오세요. (ECD21)

[복합명사구]

- **arm in arm.**
  손과 손을 맞잡고. (Em225)

- Let's march **arm in arm.**
  우리 손에 손을 맞잡고 행진하도록 하자.
- A team photo showed him **arm in arm** with two pals.
  한 단체 사진은 그가 두 친구와 손잡고 있는 것을 보였다.

[예문출처]

■ 성경

New International Version Bible : 별도 표시 없는 경우
King James Version Bible(**KJ**)

■ 소설 · 희곡

J. K. Rowling, Harry Porter(**HP**) 1~7권, Scholastic, 1997~2007
J. R. R. Tolkien, The Hobbit(**Ho**), Balatine, 1937
J. R. R. Tolkien, The Lord of the Rings(**LR**) 1~3권, Balatine, 1965
C. S. Lewis, The Chronicles of Narnia(**CN**), 1982
Boris Pasternak, Doctor Zhivago(**Zhi**), Phanteon, 1957
Shakespeare, Hamlet(**Ham**), Macbeth(**McB**) Romeo and Juliet(**R&J**), Julius Caesar(**JC**) 이상 조은문화사
Shakespeare, The Taming of the Shrewd(**TOS**), A Midsummer Night's Dream(**MND**), Twelfth Night(**TN**), The Tempest(**Temp**) 이상 A Signet Classic
Shakespeare, Antony and Cleopatra(**A&C**), As You Like It(**AYLI**) Henry V(**HV**), King Lear(**KL**), Much Ado About Nothing (**MAAN**) 이상 Penguin Books
Jane Austen, Emma(**Em**), Penguin Books, 1994
Jennifer Basset, William Shakespeare(**WS**), Oxford Univ. Press, 2000
John Grisham, The Bretheren(**Bre**), Dell Publishing, 1996
John Grisham, The Client(**Cli**), Dell Publishing, 1993
John Grisham, The Firm(**Fm**), Dell Publishing, 1991
John Grisham, The Partner(**Pt**), Dell Publishing, 1997
John Grisham, The Pelican Brief(**Pel**), Dell Publishing, 1992
John Grisham, The Runaway Jury(**RJ**), Dell Publishing, 1996
John Grisham, The Summons(**Sum**), Dell Publishing, 1989
John Grisham, A Time To Kill(**TTK**), Dell Publishing, 1989
John Grisham, The Testament(**Tes**), Dell Publishing, 1999
Tom Clancy, The Cardinal of the Kremlin(**CaKr**), Berkley 1989
Tom Clancy, Clear and Present Danger(**CPD**), Berkley 1989
Tom Clancy, Debt of Honor(**DOH**), Berkley 1989
Tom Clancy, Executive Orders(**EXO**), Berkley 1989

Tom Clancy, Hunt for Red October(**HBO**), Berkley 1986
Tom Clancy, Rainbow Six(**RbS**), Berkley 1999
Tom Clancy, Red Storm Rising(**RSR**), Berkley 1987
Tom Clancy, Patriot Games(**PatG**), Berkley 1987
Dean Kunts, Strange Highways(**StH**), Warner, 1995
Dean Kunts, Fear Nothing(**FN**), Bantam Book 1998
Colleen McCullough, The Thorn Birds(**TB**), Avon, 1977
Stephen King, Insomnia(**Ins**), Signet, 1984
Sidney Sheldon, Master of the Game(**MG**), Warner 1982
Sidney Sheldon, Are You Afraid of the Dark(**YAD**), Warner 2004
Larry Bond, Red Phoenix(**RP**) Warner 1989
Michael Crichton, Spehere(**Sph**), Balentine Books, 1987
Lewis Carroll, Alice in Wonderland(**AIW**)
John Darton, Neanderthal(**Nea**), St Martin's 1996
Dan Brown, The Da Vinci Code(**DVC**), Doubleday 2003
James Lincoln Collier, My Brother Sam is dead(**MBS**),Scholastic
Lewis Carrol, Alice's Adventures in Wonderland(**AAW**), BlackCat
Charles Dickens, A Christmas Carol(**CC**), Cideb, 1996

■ 교재

ScottForesman ESL(**ESL**) 1~8
Longman Classics, King Arthur(**KA**), (주)문진당, 1987
Antoine De Saint-Exupery, THe Little Prince(**TLP**), 조은문화
Samuel Beckett, Waiting for Godot(**WG**), 시사영어사
Pearl Buck, Letters From Peiking(**LFP**), 시사영어사
Miguel De Cervantes, Don Quixote(**DQ**), 시사영어사
Charles Dickens, Oliver Twist(**OT**), 시사영어사
Charles Dickens, A Tale of Two Stories(**TTS**), 시사영어사
George Eliot, Silas Marner(**SM**), 시사영어사
O. Henry, O. Henry's Short Stories(**OHS**), 시사영어사
Stefan Martin, Aesop's Fables(**AF**), 시사영어사
Sir Walter Scott, Ivanhoe(**Iva**), 시사영어사
Harriet Stowe, Uncle Tom's Cabin(**UTC**), 시사영어사

Jonathan Swift, Gullivers's Travels Lilliput(**GTL**), 시사영어사
Jonathan Swift, Gullivers's Travels Brodbdingnag(**GTB**), 시사영어사
Mark Twain,　The Adventures of Tom Sawyer(**ATS**), 시사영어사
Mark Twain,　The Prince and the Pauper(**P&P**), 시사영어사
Oscar Wilde,　The Happy Prince(**THP**), 시사영어사
Tennessee Williams, A Streetcar Named Desire(**SND**)시사영어사
시사영어사, The Arabian Nights(**AN**), 1998
시사영어사, The Old Man and the Sea(**O&S**), 1996
시사영어사, The Old Man and the Sea(**O&S**), 1996
시사영어사, Selected Modern English Poems(**MEP**) 1986
시사영어사, AFKN Drama(**FND**) 1~10, 1986
서현주외 2, 유아영어(**BE**), 한울림, 2001
Jacquelin Reinach, Sweet Pickles Series(**SPS**), 1978
서울대, 조선일보사, 각 TEPS 문제집

■ 사전

Collins Cobuild English Dictionary(**CED**), 2000
Oxford Advanced Learner's Dictionary(**OAD**), 2000
Oxfords Dictionary of Phrasal Verbs(**OPV**) 1993
Longman Language Activator(**LLA**), 1995
NTC's Dictionary of Phrasal Verbs(**NPV**) 1993
Webster's New Collegiate Dictionary(**WCD**), 1995
College Lighthouse English-Japanese Dictionary(**EJD**), 2000
DONG-A'S Prime English-Korean Dictionary(**DED**), 2000
Minjung's Essence English-Korean Dictionary(**MED**), 1991
Si-sa Elite English-Korean Dictionary(**SED**), 1990
Tom Cho, English Ediom Dictionary(**EID**), 넥서스, 2001
C. Barnard, English Phrasal Verb Dictionary(**EPV**), 넥서스, 2004
Shin Jae-Yong, English Expression Dictionary(**EXD**), 넥서스, 2001
박양우, 실용영어회화사전(**ECD**), 민중서관, 2003

■ 문법서

The Oxfords Dictionary of English Grammar(**ODEG**), 1994

Longman Grammar of Spoken and Written English(**LGSW**),1999
Longman English Grammar(**LEG**), 1992
네오퀘스트, 동사를 알면 죽은 영어도 살린다(**NQE**), 김영사, 2000
이기동, 영어전치사 연구(**EPL**), 교문사, 2005
이준호, 6개의 마법동사로 끝내는 영어(**SMV**) 넥서스 2005

■ 시사잡지
Newsweek(**NW**), Financial Times(**FT**), CNN News(**CNN**)

■ 스크린잉글리시(예술미디어), 스크린영어(스크린), 캡션스터디(오월상사), 시네마잉글리시(홍진기획), 스크린플레이(스크린영어사), 영화로 배우는 영어(언어세상)에서 인용한 것
Ben-Hur(**BH**), Casablanca(**Cas**), Die Hard with a Vengeance (**DHV**), Disclosure(**Dis**), The Distinguished Gentleman(**DG**), Gone with the Wind(**GWW**), Good Will Hunting(**GWH**), Guarding Tess(**GT**), For Whom the Bell Tolls(**FWBT**), Forrest Gump(**FG**), Free Willy(**FW**), The Great Gastby(**GG**), It Could Happen to You(**IHTY**), Independence Day(**Ind**), Kramer v. Kramer(**K&K**), Legends of the Fall(**LOF**), Murder in the First Degree(**MFD**), Nobody's Fool(**NF**), Out of Africa(**OOA**), The Pelican Brief(**PB**), Roman Holiday(**RH**), The Shogun(**Sho**) Shawshank Redemption(**SR**), Speed(**Spe**), Star Wars(**SW**), Ten Commandments(**TC**), The Truman Show(**TS**), With Honors(**WH**), While You are Sleeping(**WYS**)

■ 인용례 표시
Ge19:9   Bible Genesis 19장 9절에서 인용함을 나타냄.
1HP5   Harry Porter 1권 5면을 나타냄.
2LR5   The Lord of the Rings 2권 5면을 나타냄.
나머지 인용 약자는 위 ( ) 부분 참조.
기타 사전류, 학술서의 예문은 출처표시를 별도로 하지 않음.